Printed in the United States
By Bookmasters

موسوعة التدريب

الجزء الأول

نظرية التدريب

التحول من أفكار ومبادئ التدريب

إلى واقعه الملموس

فهرسة أثناء النشر إعداد إدارة الشئون الفنية - دار الكتب المصرية

رضوان، محمد أحمد عبدالفتاح

نظرية التدريب: التحول من أفكار ومبادئ التدريب إلى واقعه الملموس/ إعداد: دكتور/ محمود أحمد عبدالفتاح رضوان

ط1 - القاهرة: المجموعة العربية للتدريب والنشر

192 ص: 24x17 سم.

الترقيم الدولي: 978-977-6298-99-6

1- التدريب

أ- العنوان

ديوي: 658,3124 رقم الإيداع: 2013/1516

الطبعة الأولى
2013

الناشر

المجموعة العربية للتدريب والنشر

8 أ شارع أحمد فخري - مدينة نصر - القاهرة - مصر

تليفاكس: 22759945 - 22739110 (00202)

الموقع الإلكتروني: www.arabgroup.net.eg

E-mail: info@arabgroup.net.eg

elarabgroup@yahoo.com

موسوعة التدريب
الجزء الأول

نظرية التدريب

التحول من أفكار ومبادئ التدريب إلى واقعه الملموس

إعداد

الدكتور/ محمود أحمد عبدالفتاح رضوان

خبير التدريب والتنمية الإدارية

المستشار التدريبي لدى المجموعة العربية للتدريب والنشر

عضو جمعية التدريب والتنمية

الناشر

المجموعة العربية للتدريب والنشر

2013

بسم اللـه الرحمن الرحيم

(رَبِّ أَوْزِعْنِي أَنْ أَشْكُرَ نِعْمَتَكَ الَّتِي أَنْعَمْتَ عَلَيَّ وَعَلَى وَالِدَيَّ وَأَنْ أَعْمَلَ صَالِحًا تَرْضَاهُ
وَأَدْخِلْنِي بِرَحْمَتِكَ فِي عِبَادِكَ الصَّالِحِينَ)

صدق الله العظيم

(سورة النمل: 19)

إهـداء

إلى أمي الحبـيبة.... مصدر إلهامي ومنطلق آمالي

إلى أبي الحبـيب.... منبع طموحي ومصدر قوتي

إلى زوجتي العزيزة.... مَنْ ضحتْ كثيراً من أجلي

إلى ابنتي رُفيـــده.... أول فرحــة لقلبي

إلى أخواتـــي.... بسمة حيـاتي

شكر وتقدير

يتقدم المؤلف بشكره العميق وتقديره وامتنانه وعرفانه إلى:

السيد/ أسامه جمال،

السيد/ إبراهيم عبد الناصر،

السيد/ أحمد عبد الغنى،

السيد/ يوسف الحلواني

المالكين لخبرة عمل فريدة في مجال التدريب وأسلوب وفن الإدارة المتميز والحكمة وبُعد النظر والتي انعكست في بناء خبرته الإدارية والتدريبية.

كما يتقدم المؤلف بكل ما أوتى من قوة الدعاء والرجاء لأستاذه الدكتور/ عبد الرحمن توفيق (رحمة اللـه عليه) بالمغفرة وأن يجازيه عنه خير الجزاء.

المحتويات

قائمة الأشكال

قائمة الجداول

تقديم

موسوعة التدريب

تتصدر التنمية البشرية إحدى أولويات خطة التنمية للدولة، ويأتي على رأسها تنمية القدرات والمهارات المطلوبة في سوق العمل المحلّي والخارجي على حدّ سواء بهدف مواجهة البطالة. ويمثل التدريب بمختلف أنواعه، أحد أبرز آليات الاستثمار في رأس المال البشري، خاصةً في ظل الوضع الحالي لسوق العمل المصري وما يعانيه من مشكلات، مثل: ارتفاع معدلات البطالة، وعدم التوافق بين مخرجات العملية التعليمية والاحتياجات الفعلية لسوق العمل، تزامناً مع الارتفاع المستمّر في عدد السكان في سن العمل، وما ينطوي عليه من زيادة عدد الداخلين الجدد لسوق العمل بشكل مطرد. وبالتالي تتزايد أهمية التدريب كأحد العوامل الفاعلة في تنمية قدرات العنصر البشري والمساعدة في إحداث التوافق بين جانبي العرض والطلب داخل سوق العمل، ومِنْ ثَمَّ التخفيف من حدة مشكلة البطالة التي يعاني منها سوق العمل العربي.

ومما لا شك فيه أن رسم وتقييم سياسات التدريب على المستوى القومي يتطلب الوقوف على واقع منظومة التدريب بما فيها من نقاط قوة وضعف، أو بعبارة أخرى يتطلب توافر إحصاءات دقيقة ومحدثة حول منظومة التدريب، من حيث: أعداد مراكز التدريب، وتوزيع هذه المراكز حسب مجالات التخصص، ومستوي الكفاءة، والتجهيزات لدي كل منها، وأعداد المتدربين وتخصصاتهم، وغيرها من المجالات ذات الصلة بالعملية التدريبية.

وبالنظر إلى الحالة العربية نجد أن هناك عدة جهات مسؤولة عن إصدار بيانات وإحصاءات عن مراكز التدريب في العالم العربي يأتي في مقدمتها وزارات القوي العاملة والخدمة المدنية والتي تعدُّ الجهة المسؤولة في المقام الأول عن رسم السياسة القومية للتوجيه والتدريب المهني ووضع البرامج والآليات التي تكفل تنفيذها.

لم يعد تدريب المواطنين والعاملين في القطاعات الحكومية والأهليـة ترفـاً إدارياً قليـل الجدوى في ظل ثورة المعلومات الهائلة والتقدم التقني المذهل بل أصبح ضرورة لا غنى عنها، وإذا لم يكن هناك تدريب بصفة دائمة لموظفي قطاع ما، ستـصبح قـدراتهم محـدودة للغايـة، ومِنْ ثَمَّ سوف يشكلون عبئاً كبيراً على الجهات التي يعملون بها.

هذا وتُعاني نظم التدريب والتشغيل في العالم العربي من مشكلات عدة من بينها الإطار المؤسسي المتضخم وغياب التنظيم بين الجهات المختلفـة والمعنيـة بالتـدريب والتـشغيل وعـدم توافر نظام معلومات عن سوق العمل وغياب خطة واضحة للتدريب مما يحول دون تطـوير تلك النظم وتحسين جودتها ومواجهة ما يترتب على ذلك من احتياجات والتزامـات الـداخلين الجدد إلى سوق العمل، وتحديث مهارات القوى العاملة.

لهذا قمنا بإعداد موسوعة للتدريب - التي بين أيديكم أول أركانهـا - عـلى أن تتوافـق مع الديناميكية البيئية لمنظومة التدريب في المؤسسات العربية.

الفصل الأول

الفرق بين التعليم والتعلم والتدريب

بقراءتك لهذا الفصل ستكون قادراً على معرفة:

1- ماهية التعليم
2- ماهية التَعلُم
3- ماهية التدريب
4- توازن العلاقة بين التعليم والتدريب

الفصل الأول

الفرق بين التعليم والتعلم والتدريب

تقديم:

التعليم، والتعلم، والتدريب يعتبروا من أهم أولويات البشرية في كل العالم، كما تحتل قمة أولويات وإستراتيجيات الدول البعيدة والمتوسطة والقريبة المدى ذلك لأنها تُعنَّى بصورة أساسية ومباشرة بالنمو ونسبة ارتفاعه بالنسبة لاقتصاد المعرفة الذي بدا فجأة كأهم فروع الاقتصاد للدول في الآونة الأخيرة لدوره الكبير لتحقيق النمو الاقتصادي، يعتبر كلا من الأفراد والدولة بصورة عامة تعتمد في تطور اقتصاد المعرفة لديها بصورة مباشرة على ارتفاع قابلية العنصر البشري ونسبة توقعات تطوره المعرفي، وهذا بدوره يعتمد بصورة أساسية على التغيير المعرفي والتعليم والتدريب.

وحتى يستطيع مجاراة التطور المعرفي الكثيف بالعالم وحتي يرفع من نسبة توقع واحتمالات تطور اقتصاد المعرفة لديه؛ يحتاج إلى الكثير من الجهود المتضافرة

في كل الأصعدة والتي تتعلق بتمكين المعلوماتية به باعتبارها أهم أداة ووسيلة لمواكبة العلوم وتطورها لحظة بلحظة قياساً بالكثير من الدول في العالم حتى يتمكن من تحقيق المعرفة الكافية التي تساهم بصورة أساسية في تطوير اقتصاد المعرفة والأفكار، فاقتصاد المعرفة يعتمد على: التعليم، والتعلم، والتدريب، فلابد من وجود إستراتيجيات واضحة ثم متابعة واضحة لها للتحقق من تنفيذها بانتظام في مختلف البلاد، لهذا يستعرض هذا الفصل النقاط التالية:

1- ماهية التعليم.
2- ماهية التَعلُم.
3- ماهية التدريب.
4- توازن العلاقة بين التعليم والتدريب.

1- ماهية التعليم:

نستعرض في هذه الجزئية النقاط التالية:

أ - مفهوم التعليم.
ب- أهمية وأهداف التعليم.
ج- أشكال التعليم.
د- نموذج تعليم الصغار والكبار.

(أ) مفهوم التعليم:

التعليم فهو نشاط تواصلي يهدف إلى إثارة التَعلُم وتحفيزه وتسهيل حصوله، حيث أنه مجموعه الأفعّال التواصلية والقرارات التي يتم اللجوء إليها بشكل قصدي ومنظم، أي يتم استغلالها وتوظيفها بكيفية مقصودة من طرف الشخص (أو مجموعة من الأشخاص) الذي يتدخل كوسيط في إطار موقف تربوي - تعليمي.

فهو عملية تنمية معرفية للفرد لا تحتاج إلى هدف وظيفي محدد ومن خلالها يتم تنمية القدرات الفكرية والتطبيقية بشكل عام، كما انه طريقة لنقل العلم والمعارف والثقافات والحضارات والاتجاهات وهى تعتمد على التلقين أو التفهيم للأشخاص بطريقة نظرية.

(ب) أهمية وأهداف التعليم:

إن التعليم له من الأهمية ما يجعلنا نقف محللين أمام تقدم الشعوب وظهور حضارات فهو يَمحي أمية الفرد، ويَعطي الفرد معلومات في شتى المجالات، ويُوسع مدارك الفكر لكل فرد، ويعطى القدرة على الابتكار والتخيل، اختصاراً هو سلاح كل فرد.

أما عن أهداف التعليم يمكن استعراضها من خلال التالي:

- فنجدها غرس الإيمان باللـه ورسله والقيم الدينية.

- تقوية الاعتزاز بالعروبة والوطن والأمة والذاتية الثقافية والحضارية.

- إكساب الفرد واجبات المواطنة والمشاركة المجتمعية والسياسية.

- تنشئة المتعلمين على قيم وممارسات العمل والإنتاج والإتقان.

- تمكين المتعلمين من إتقان أساسيات التعليم (القراءة والكتابة والحساب).

- تمكين المتعلمين من التزود بالمعرفة والعلوم المتقدمة، وأساليب البحث والاستكشاف العلمي.

- إعداد الإنسان للتكيّف مع المستقبل واستشرافه وسرعة الاستجابة للتغيير الملائم.

- تدريب المتعلمين على مهارات التعبير عن الذات بالوسائل المختلفة.

- تدريب المتعلمين على مهارات استخدامات الحاسب الآلي وتطبيقاته العملية.

- تنمية قدرات المتعلمين على الإبداع والابتكار والتفكير المنهجي وتطبيقاته العملية.

- تنمية قدرات المتعلمين على ربط العلوم بتطبيقاتها واستيعاب المنجزات التكنولوجية.

- تنمية قدرات المتفوقين وتهيئة البيئة الدراسية المناسبة لزيادة درجة تفوقهم ومواهبهم.

- تأهيل المتعلمين ذوي الاحتياجات الخاصة بما يحقق اندماجهم بالمجتمع.

- تجفيف منابع الأمية وتحقيق النمو والاستمرار في برامج تعليم الكبار.

- ربط التعليم ومخرجاته بمتطلبات التنمية الشاملة للبلاد.

(ج) أشكال التعليم:

يسعى التعليم إلى تحسين الجودة النوعية لعملية تقديم الخدمات التعليمية، ومدى اتسامها بالكفاءة والإنصاف والاستدامة، عن طريق اعتماد رؤية شاملة ومتكاملة للعملية التعليمية، لهذا نرى أن هناك عدد من أشكال التعليم، ومنها:

1- التعليم النظامي أو التعليم التقليدي.

2- التعليم الغير نظامي أو التعليم الحر.

3- التعليم الإلكتروني.

4- التعليم عن بعد.

وفيما يلي نبذه عن كل شكل من أشكال التعليم:

1 - التعليم النظامي أو التعليم التقليدي:

ذلك التعليم الذي يتلقاه المتعلمون في المدرسة، وغالبا ما يعرف بالتعليم المدرسي، وفي معظم الأقطار يلتحق الناس بشكل منتظم وهو التعليم الذي يتم توفيره في المدارس والكليات والجامعات والمؤسسات التعليمية النظامية الأخرى.

يشكل هذا التعليم عادة "سُلما" متواصلاً من التعليم الكامل الدوام للأطفال واليافعين، يبدأ - في الغالب - من عمر الخامسة حتى السابعة ويمتد حتى العشرين أو

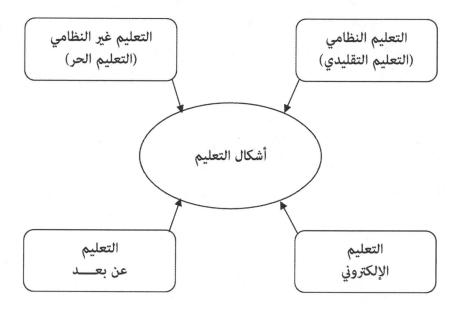

شكل (1-1): أشكال التعليم

الخامسة والعشرين من العمر، تتألف الأقسام العليا من هذا السُلم في بعض البلدان، من برامج منظمة تزاوج ما بين العمل ومتابعة التَعلُم لبعض من الوقت في مدرسة أو جامعة. يطلق على هذه البرامج في هذه البلدان تسمية "النظام الثنائي" (المزدوج) أو أي تسميات أخرى مرادفة. وهو النظام الأكثر انتشاراً في الوطن العربي.

2 - **التعليم غير النظامي (الحر):**

على الرغم من أن له برامج مخططة ومنظمة، كما هو الحال في التعليم النظامي، فإن الإجراءات المتعلقة بالتعليم غير الرسمي أقل انضباطًا من إجراءات التعليم النظامي.

فمثلاً في الأقطار التي يوجد بين سكانها من لا يعرفون القراءة والكتابة، اشتهرت طريقة كل مُتعلمٍ يُعلِّم أميًا بوصفها أسلوبًا لمحاربة الأمية، في هذه الطريقة يقوم قادة التربية والتعليم بإعداد مادة مبسطة لتعليم القراءة، ويقوم كل مُتعلمٍ

بتعليمها لواحد ممن لا يعرفون القراءة والكتابة، ولقد تمكن آلاف الناس من تُعلُم القراءة بهذه الطريقة غير الرسمية في البلاد العربية وفي بعض المجتمعات مثل الصين ونيكاراجوا والمكسيك وكوبا والهند.

3 - التعليم الإلكتروني:

التعليم الإلكتروني هو تقديم البرامج والتعليمية عبر وسائط إلكترونية متنوعة تشمل الأقراص وشبكة الإنترنت بأسلوب متزامن أو غير متزامن وباعتماد مبدأ التعليم الذاتي أو التعليم بمساعدة مدرس.

4 - التعليم عن بُعد:

تلك العملية التعليمية التي يكون فيها الطالب مفصولاً أو بعيدا عن الأستاذ بمسافة جغرافية يتم عادةً سدها باستخدام وسائل الاتصال الحديثة، فهو نظام تعليمي غير تقليدي يُمكّن الدارس من التحصيل العلمي والاستفادة من العملية التعليمية بكافة جوانبها دون الانتقال إلى موقع الدراسة ويُمكّن المحاضرين من إيصال معلومات ومناقشاته للمتلقين دون الانتقال إليهم كما أنه يسمح للدارس أن يختار برنامجه التعليمي بما يتفق مع ظروف عمله والتدريب المناسب والمتاح لديه للتعليم دون الحاجة إلى الانقطاع عن العمل أو التخلي عنه لارتباطاته الاجتماعية.

إلا أن هناك بعض الباحثين لا يفرقوا في المفهوم بين التعليم الإلكتروني والتعليم عن بُعد، حيث يروا أن كلاهما تعليم إلكتروني يعتمد على استخدام الحاسب الإلكتروني وملحقاته في التعليم ونقل المعلومات.

(د) نموذج تعليم الصغار والكبار:

نموذج تعليم الصغار هو ذلك النشاط الذي يتم فيه وضع المسؤولية كاملة في أيدي المُعلم ليقرر مَنْ يتعلم؟ وماذا ومتى يجب أن يتعلم؟ يكون دور التلاميذ في

نموذج تعليم الصغار هو دور المستقبل الخاضع لتوجيهات المعلم وما يتلقاه من معلومات. لقد أفترض هذا النموذج أن الصغار شخصيات اعتمادية وأنهم يمتلكون خبرات قليلة تؤهلهم لاستخدامهم كموارد في التعليم وأنهم أصبحوا على استعداد لتعلُم ما يُقال لهم لكي يستطيعوا التقدم إلى مراحل تالية وأن وعيهم بالتعلم يجعلهم يتمركزون ويجتمعون حول المحتوى الذي تقدمه الدروس، فهم مدفوعون تحت تأثير الضغوط الخارجية عليهم أو المكافآت التي تُمنح لهم، إن الوسيلة الأساسية في تعليم الصغار تعتمد على تقنيات نقل المعلومات.

نموذج تُعلُم الكبار هو ذلك النشاط المخصص للكبار، أو المجهود الذي يبذله الفرد من أجل النمو الذاتي والهادف، وهو يُمارَس دون ضغوط رسمية ولا يكون مرتبطاً بشكل مباشر بوظيفة. عندما بدأ تُعلُم الكبار بصورة منظمة في الربع الأول من القرن العشرين كان النموذج الوحيد أمام معلمي الكبار هو نموذج تعليم الصغار، وكانت النتيجة أنه حتى وقت قريب كان يتم تعليم الكبار كما لو أنهم أطفال. هذا هو ما يبرر المتاعب العديدة التي لاقاها معلمي الكبار مثل النسبة العالية للتخلف الدراسي وقلة الحافز والأداء السيئ لذلك بدأ الجدال حول نموذج تعليم الصغار على أنه ربما لا يكون مناسباً للكبار. أقترح احدهم أن الكبار يتعلمون بشكل أفضل إذا اشتركوا بأنفسهم في تحديد متى وكيف وماذا يتعلمون؟ ولكن حتى الخمسينات لم يكنْ قد بدأ بعد البحث التجريبي على تعليم الكبار ولم تكن الاختلافات بين الصغار والكبار في مجال التعليم قد ظهرت بصورة جادة. وكانت دراسة أخرى قد أَظهرتْ أنَّ الكبار في الحقيقة يندمجون في التَعلُم بإرادتهم خارج نطاق التَعلُم الرسمي أكثر من اندماجهم في البرامج التوجيهية وأنهم في الحقيقة أيضاً يوجهون أنفسهم بأنفسهم كمتعلمين.

مبادئ لتعليم الكبار:

- يحتاج الكبار إلى معرفة لماذا يتعين عليهم تَعلُم شيئاً معيناً: ولذلك فإن من المهام الأولى لمعلم الكبار هو تنمية "الحاجة إلى المعرفة" عند المتعلمين بأن يوضح قيمة ما يتعرضون له في حياتهم وأدائهم، على المعلم على الأقل أن يثبت هذا بواسطة الاستشهاد من خبرته أو خبرة أحد الناجحين في هذا المجال والأفضل من ذلك أن يقدم خبرات حقيقية أو مشابهة تُمكِّن المتعلمين من معرفة فوائد أن يعرفوا وما يمكن أن يفقدوه إذا لم يعرفوا.

- لدى الكبار حاجة عميقة لأن يُوجِّهوا أنفسهم بأنفسهم: تعريف علم النفس "للراشد" هو ذلك الذي حقق مفهوم الذات بحيث أنه مسؤول عن حياته وإتخاذ قراراته وتحمل نتائجها. فعندما نصل إلى هذه النقطة من امتلاكنا "مفهوم الذات" فإن الحاجة إلى أن نُعامل كراشدين من قبل الآخرين، تنمو داخلنا ونحتاج إلى أن نُعامل على أننا قادرون على تحمل مسؤولية أنفسنا.

- الكبار لديهم حجم أكبر ونوعية مختلفة من الخبرة عما يمتلكه الصغار: كلما عشنا أطول كلما كانت خبرتنا أكثر وكلما تراكمتْ خبرات متنوعة لدينا، وهذا المخزون الكبير من الخبرة يؤثر في التَعلُم بطرق متعددة أهمها:

  - يأتي الكبار إلى الموقف التعليمي بخلفية من الخبرة التي في ذاتها مورد غني لتعلمهم هم أنفسهم ولتعلم الآخرين، لهذا ففي تُعلُم الكبار تأكيد أكثر على استخدام طرق التَعلُم المستندة على الخبرة مثل المناقشات وتمارين حل المشكلات أو الخبرات الحقلية.

  - لدى الكبار قاعدة أوسع من الخبرة التي يربطون بها الأفكار الجديدة والمهارات ويعطونها معنى أكثر غنى وخصوبة.

  - من المتوقع أن مجموعة من ا لكبار، خاصة إذا كانوا في أعمار مخالفة سيكون

لديهم اختلافات كثيرة في الاهتمامات والقدرات وأنماط التَعلُم بدرجة أكبر من الصغار.

فترتكز نظرية تعليم الصغار على المبادئ الآتية:

- الصغار يتقبلون ما يُقال لهم من معلومات دون تردد.
- الصغار لديهم المقدرة على التَعلُم بالإنصات السلبي.
- الصغار لا يحتاجون لربط خبراتهم السابقة بمعارف ومهارات جديدة.
- الصغار لا يحتاجون أن يكون لهم دور في إدارة العملية والتحكم في بيئة التَعلُم.
- الصغار لهم المقدرة على تُعلُم أشياء قد لا يستخدمونها البتّة.

فترتكز نظرية تعليم الكبار على المبادئ الآتية:

- الكبار يتعلمون بالتطبيق والمشاركة.
- الكبار يَملُون عند الجلوس بشكل سلبي بفترات طويلة.
- الكبار ليس لهم المقدرة على الإنصات السلبي لفترة طويلة.
- الكبار لا يقبلون أفكار وخبرات الآخرين بسهولة فهم يميلون لأن يكونوا شكاكين.
- الكبار يتعلمون بسهولة الأشياء التي تفيدهم.
- الكبار يتعلمون بشكل أحسن عندما يكون لهم بعض التحكم في بيئة التدريب.
- الكبار يتعلمون الأشياء الجديدة التي يمكن ربطها بخبراتهم السابقة.

الفوارق بين تعليم الصغار والكبار:

هناك مفاهيم أساسية لتوضيح الفوارق بين تعليم الصغار والكبار كما هو موضح بالجدول التالي:

جدول (1-1): الفرق بين منهج تعليم الكبار والصغار

وجه المقارنة	منهج تعليم الكبار (التعليم الذاتي)	منهج تعليم الصغار (التعليم اعتماداً على معلم)
شخصية المتعلم	مستقلة	تابعة
الخبرة	أحد مصادر المعرفة	مرحلة بناء الخبرة
التركيز	على المشكلة أو القضية	على المادة الدراسية
الحافز/ الدافع	داخلي / ذاتي	خارجي (ثواب/ عقاب)
جو التعليم	غير رسمي، تقدير واحترام، مشاركة وتعاون	رسمي، سلطة المعلم، جو تنافسي
تحديد الاحتياجات	بالمشاركة	بواسطة المعلم
تحديد الأهداف والتخطيط	بالمشاركة	بواسطة المعلم
الأساليب التعليمية	تعتمد على الخبرة	تعتمد على نقل المعرفة
التقييم	بالمشاركة	بواسطة المعلم
الفترة الزمنية	يستمر مدى الحياة	ينتهي بمرحلة معينة

المصدر: أنور محمد الشرقاوي، التَعلُم نظريات وتطبيقات، القاهرة، مكتبة الأنجلو مصرية، 2001، ص 86.

2- ماهية التَعلُم:

نستعرض في هذه الجزئية النقاط التالية:

أ - مفهوم التَعلُم

ب- خصائص التَعلُم

ج- أنواع التَعلُم

د- شروط التَعلُم

هـ - العمليات العقلية المؤثرة في التَعلُم

و- الذكاء والتعلم

ز- التَعلُم والفروق الفردية

ح- الفرق بين التعليم والتعلم

وفيما يلي نبذه عن كل نقطة:

(أ) مفهوم التَعلُم:

هو العملية التي يستطيع من خلالها الفرد أن يكتسب المعلومات والمهارات والاتجاهات من خلال تفاعله مع النظم الاجتماعية والثقافية المحيطة به، وذلك من خلال التفكير والدراسة والممارسة، أو نتيجة عمليات التعليم التي حصل عليها، وتتم عمليات التَعلُم لكل إنسان بشكل تلقائي، حيث تتفاعل ظروفه الشخصية وقدراته مع ما يحيط به من ظروف اجتماعية وثقافية لاستثمار تعلمه من أجل تطوير نفسه وقدراته.

هو عملية عقلية لا تلاحظ مباشرة وإنما يستدل عليها عن طريق آثارها ونتائجها وذلك من خلال ملاحظة التغيرات التي تطرأ على مستوى أداء الفرد نتيجة لممارسته عملاً معيناً، وبمعنى آخر فإننا نستدل على حدوث التَعلُم في حالة ملاحظة تحسن في مستوى أداء الفرد.

كما يختلف مفهوم التربية عن مفهوم التَعلُم، حيث إنَّ التربية؛ عملية تضم الأفعَال، والتأثيرات التي تستهدف نمو الفرد من جميع النواحي نحو كمال وظائفه في إطار التكيف مع ما يحيط به ومن حيث ما تحتاجه هذه الوظائف من أنماط سلوك وقدرات.

(ب) خصائص التَعلُم:

- لا يشمل التَعلُم التغيرات العارضة أو التي ترجع إلى النمو والنضج.
- يحدث التَعلُم نتيجة لما يمر به الفرد من مواقف تكسبه عدداً من الخبرات أو الممارسة للسلوك المراد تعلمه.
- لا يحدث التَعلُم في كل المظاهر السلوكية فبعض الأفعَّال والسلوكيات غير متعلمة أي (فطرية) ويولد الإنسان وهو مزود بها (فالتثاؤب/ والعطس) لا يتعلمها الفرد، وتسمى الأفعَّال غير المتعلمة بالأفعَّال المنعكسة البسيطة.
- التَعلُم باعتباره تغير شبه دائم في السلوك لا يعني أنه تغير دائماً إلى الأفضل فبعض التغيرات تكون إلى الأفضل والبعض الآخر يكون التغير إلى الأسوأ.

(ج) أنواع التَعلُم:

1- التَعلُم المهاري الحركي.
2- التَعلُم المعرفي.
3- التَعلُم الوجداني (الاتجاهات).

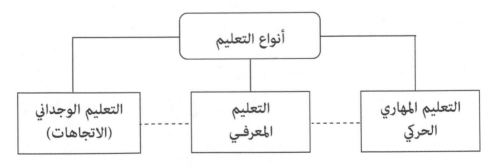

شكل (1-2): أنواع التَعلُم

وفيما يلي نبذه عن كل نوع من أنواع التَّعلُم:

1- التَعلُم المهاري الحركي:

هو التَعلُم الذي يهدف إلى تمكين الفرد من اكتساب المهارات الحركية ونتيجة قدرة الفرد على استخدام عضلاته بالتدريب للحصول على مهارات ما كالكتابة أو فتح باب أو ركل الكرة أو السباحة أو استخدام الحاسوب.

وتُعرَّف المهارة الحركية بأنها القيام بنشاط حركي معقد من الكفاءة والسرعة والدقة، وتؤثر في تُعلُم المهارة الحركية عدد من العوامل كالتآزر بين عضلات الجسم بشكل حسن وبدقة وسرعة مناسبة وملائمة للظروف والتوقيت بحيث يكون العمل متقناً وجيداً كالمشي مثلاً أو حتى الوقوف أو أبسط المهارات الحركية التي يمكن أن يتعلمها الكائن.

2- التَعلُم المعرفي:

تتسع من خلاله دائرة معارف ومعلومات الفرد وتكوين مفاهيمه وخبراته، ويتمثل في اكتساب الفرد للمعلومات والمعارف والمفاهيم والمعاني والكلمات وطرق التفكير وأساليب حل المشكلات، وتتعدد طرق اكتساب الفرد للمفاهيم كالمحاولة والخطأ والتي يتعلم من خلالها الطفل الصغير كما تكتسب المفاهيم بناءً على تعريفاتها ومن خلال استنتاج معانيها من السياق الذي وردت فيه وتتأثر معارف الفرد بالتجربة والخبرة التي يمر بها بمعانيها الواسعة.

3- التَعلُم الوجداني (الاتجاهات):

الاتجاه هو استجابة قبول أو رفض نحو موضوع معين فاحترام العمل اليدوي استجابة قبول للعمل اليدوي، واحتقار التمييز العنصري استجابة رفض له، فالتعلم الوجداني يُعرفُ بأنه كل ما يؤثر سلباً أو إيجاباً في نظام العمليات الانفعَّالية والإدراكية

والمعرفية للفرد حول شتى المواقف والأشياء في ضوء خبرته وتفكيره أي أن الفرد من خلال هذا النوع من التَعلُّم يكتسب الانفعَّالات والاتجاهات المختلفة (كانفعَّالات الفرح والسرور والاكتئاب والضيق وكالاتجاهات نحو القضايا والموضوعات مثل اتجاهات نحو العمل والتدخين والمدرسة).

والاتجاهات تشكل مشاعر ونزعات وميول وقيم الفرد وتتأثر بالمعرفة والمفاهيم وترتبط بمستوى الانفعَّال والتكوين الشخصي الكُلِّي للفرد بما فيها من تربية وتعليم، حيث إنَّ من شروط التَعلُّم الوجداني؛ تكامل الخبرة وتكرارها وحدتها وتمايزها وانتقالها عبر التنشئة أو التربية أو المحاكاة والتقليد فالطفل يكتسب احترام الآخرين بالقدوة الحسنة والمشاهدة.

كما أن هناك تقسيم أخر:

- **التَعلُّم بالاكتشاف:** هو التَعلُّم الذي يَحدثُ كنتيجةٌ لمعالجة الطالب المعلومات وتركيبها وتحويلها حتى يصل إلى معلومات جديدة حيث تُمكَّن الطالب من التخمين أو فرض الفروض لحل المشكلات أو الوصول إلى حقائق ومعلومات جديدة وذلك عن طريق استخدام عمليات الاستقراء أو الاستنباط أو باستخدام المشاهدة والاستكمال أو أية طريقة أخرى.

- **التَعلُّم التعاوني:** هو أسلوب تُعلُّم يتم فيه تقسيم التلاميذ إلى مجموعات صغيرة غير متجانسة (تضم مستويات معرفية مختلفة)، يتراوح عدد أفراد كل مجموعة ما بين 4-6 أفراد، ويتعاون تلاميذ المجموعة الواحدة في تحقيق هدف أو أهداف مشتركة

- **التَعلُّم الجماعي:** هو أحد أساليب التَعلُّم التي تتم من خلال التفاعل المتبادل إثناء ممارسة مجموعات صغيرة من المتعلمين لبعض الأنشطة كاللعب الجماعي.

- **التَعلُّم الذاتي:** هـو أحـد الأسـاليب التـي تسـاعد المـتعلم عـلى اكتسـاب الخـبرات

بطريقة ذاتية دون معاونة أو توجيه من أحد، أي أن الفرد يعلم نفسه بنفسه، والذاتية هي سمة التَعلُم فالتعلم يحدث نتيجة خبرات هيأها الفرد لنفسه سواء ذاتياً أو نتيجة خبرات هيأها له شخص أخر كالمعلم مثلا إن كان التَعلُم ناتجاً عن تُعلُم ذاتي وهناك طرق عديدة للتعلم الذاتي منها التَعلُم البرنامجي والتعلم بالموديلات والتعلم الكشفي غير الموجه.

(د) شروط التَعلُم:

لا يسعى الفرد للتعلم ولا يستطيع إلا بتوافر شروط أساسية فالتعلم يشبع لدى الفرد حاجة وأهم هذه الشروط هي:

- الدافعية
- النضج
- الممارسة والتدريب

وفيما يلي نبذه عن كل جزئية:

- **الدافعية:** وتُعرَّف بأنها حالة نفسية وجسمية وفسيولوجية داخلية تستثير الفرد وتحركه نحو تحقيق أهداف معينة مثل الرغبة في التفوق، تدفع صاحبها للاجتهاد في التحصيل والعكس صحيح، حيث إنَّ الدافعية لا تُنشِّط الفرد فقط وإنما توجهه لاختيار الطرق الأنسب لإشباع دافعه.
- **النضج:** هو عملية نمو داخلي متتابع يسعى لتكامل الفرد جسمياً ونفسياً وعقلياً ويحدث النضج تلقائياً لا إرادياً، حيث إنَّ النضج معناه: إمكان القيام بالاستجابة المناسبة لسلوك معين ونستطيع ملاحظته جسمياً وحركياً بوضوح، والنضج يستلزم الدافعية والتدريب والممارسة لحدوث تُعلُم.
- **الممارسة والتدريب:** الممارسة هي مرور الفرد بمجموعة خبرات منظمة نسبياً،

فطريقة الأكل أو الكتابة يتعلمها الفرد أولاً بالتدريب لعدة مرات حتى يتقنها لوحده والتكرار يمد المتعلم بالخبرة وتعديل السلوك، إذن فالتعلم لا يتم إلا بوجود دافعية لإشباع رغبة لديه وتوفر نضج يمكنه من القيام بالسلوك المرجو، وتكراره وممارسته للتدريب عليه وإتقانه فمهما نبذل من جهدٍ لن نستطيع تعليم طفل الكلام قبل نضج أحباله الصوتية، ووجود الرغبة والدافعية لديه لإشباع تلك الحاجة وتدريبه عليها وممارسته لها.

(هـ) العمليات العقلية المؤثرة في التَعلُم:

1- الإحساس. 2- الانتباه. 3- الإدراك الحسي.

4- التفكير واللغة. 5- الحفظ والتذكر.

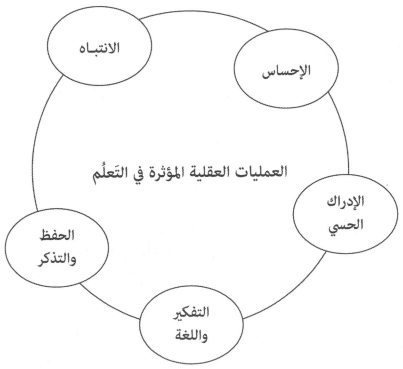

شكل (1-3): العمليات العقلية المؤثرة في التَعلُم

وفيما يلي نبذة عن كل جزئية:

1- الإحساس:

هو عملية انتقال أثر المثير عبر الوصلات العصبية وجهاز الإحساس إلى الدماغ وتفاعلنا مع المثيرات، فكل فرد يمتلك خمس حواس يستخدمها كوسيلة للتعلم.

2- الانتباه:

هو الحالة التي يحدث في أثنائها معظم التَعلُم ويصعب بل ويستحيل تقريباً أن يحدث تُعلُم دون انتباه، مثل سماعك لصوت غريب فتتوقف منتبهاً، فهناك ما يسمى ببؤرة الانتباه، وهي ما نركز عليه انتباهنا.

العوامل المؤثرة في الانتباه:

- قوة المثير وتركيزه كالصوت في أثناء الحديث أو الإشارة.
- الجدة والتغيير في المثير فالرتابة تُوجدْ الملل وعدم الانتباه والتغير والتنوع يشد الانتباه.
- الاختلاف والتفرد، والتميز في الطرح والتعامل أو اللبس أو الكلام يثير الانتباه. ويشد التركيز.
- الانتظام والتكرار تجعل من المثير بؤره انتباه كصوت جرس منتظم ومتكرر فإنه يشد الانتباه.

عوامل ترتبط بالفرد:

- الحاجات والرغبات: يكون الفرد منتبهاً ومتحفزاً للمثير الذي يحتاج إليه ويرغب فيه.
- التوقع: فعندما يكون الفرد متوقعاً لشيء ما يكون انتباهه أكثر.
- الإجهاد: يجعل الفرد بسبب الرتابة أو التعب يُحولُ انتباهه لأشياء أخرى.

أنواع الانتباه:

- الانتباه القسري أو (اللاإرادي): بحيث تسيطر قوة المثير وتشد انتباه الفرد قسراً، كأن يرتفع صوت انفجار فجأة.

- الانتباه التلقائي: لا يتم بتدبر إرادي كامل لكنه لا يخلو من الإرادة كالاستماع إلى صوت مذياع في الشارع.

- الانتباه الإرادي: وهو التوجه المقصود نحو مثير ما بعينه والتركيز عليه ويرتبط برغبة الفرد وحاجاته. كالإنصات لحل مسألة خاصة تهمه.

3- الإدراك الحسي:

وهو العملية التي بواسطتها نتعرف على العالم من نقل الإحساس ورد الفعل عليه والتعامل معه داخل كل فرد منا، والفرق بين الإحساس والإدراك هو أن الإحساس مرحلة أو جزء من الإدراك يقتصر على المثير، بينما الإدراك يشمل رد الفعل والانفعّال الداخلي. والخبرة المتراكمة الناتجة عن التجربة الحسية، النفسية معاً.

4- التفكير واللغة:

التفكير: هو الإمكانية العقلية التي تُحددُ نوع وشكل التَعلُم ومستواه، أما اللغة: هي الوسيلة التي بها نكتسب التَعلُم ونتعاطاه بها كمفاهيم ومعلومات وأسماء وكلمات وإشارات وتعبيرات كلية ورمزية وهما عاملان مهمان في عملية التَعلُم.

5- الحفظ والتذكر:

التذكر: هو عملية عقلية يتم بها تسجيل وحفظ واسترجاع الخبرة الماضية من إدراكات وأفكار ومشاعر وميول وحركة وكل ما يمكن تصوره يظل محفوظاً في الذاكرة ليدخل في النشاط النفسي للفرد مما يزيد قدرات الإنسان على التَعلُم.

وتنمية الذاكرة عملية تدريب وممارسة يقوم بها صاحبها بسرعة وحفظ ما يريد واسترجاعه بدقة معتمداً على ما اكتسبه من معلومات أولاً والاحتفاظ به وإبقائه منطبعاً في الذاكرة وذلك بربطه بمثير أو معنى أو بشكل ثانياً • إذن التذكر هو أحد أهم ركائز عملية التَعلُم.

العوامل المؤثرة في التذكر والنسيان:

- مستوى النمو العقلي للفرد. فكلما زاد العمر الزمني للفرد ساعد على الاكتساب والاحتفاظ والاسترجاع.
- نوع مادة التذكر: فكلما كانت أوضح ساعد ذلك على الحفظ والتذكر.
- طرق اكتساب الخبرة، أو المعلومة، فلكل معلومة أو موقف ما يناسبه من الطرق.

(و) الذكاء والتعلم:

الذكاء: هو الاستجابة السريعة والسديدة لمواقف طارئة مفاجئة، تتضمن قدرة الفرد على التكيف والمرونة والاستقراء والاستنباط وإدراك العلاقات ويعكس قدرات الفرد العقلية واستعداده للتعلم السريع والاستفادة من خبراته السابقة في مواجهة المواقف والمشكلات الواقعية، والذكاء يمكن قياسه عن طريق الاختبارات.

العوامل المؤثرة في الذكاء:

- المستوى الاجتماعي والثقافي للأسرة ومستوى وعي الوالدين يؤثر سلباً وإيجاباً في ذكاء الفرد.
- أساليب التربية في الأسرة والمدرسة أيضاً عامل مهم لتنمية الذكاء.
- تأثير الثواب والعقاب كأسلوب تربوي هام وذي علاقة أساسية بالذكاء والتعلم.

(ز) التَعلُم والفروق الفردية:

هناك اختلاف وتمايز في السمات بين الأفراد فهناك فروق فردية بين المتعلمين حتى ولو كانوا متساويين في السن والمستوى الاجتماعي. وتتمثل هذه الفروق في الجوانب الجسمية والعقلية والانفعَّالية.

حتى الفرد الواحد تختلف قدراته وميوله واستعداداته من فترة لأخرى، ويعود ذلك إلى عوامل الوراثة والى اختلاف وتفاوت في المؤثرات البيئية التي يتعرض لها الأفراد، وتعد القدرة على الحفظ والتذكر والإبداع والابتكار وحل المشكلات. كل هذه سمات ذكائية تعمل إيجاباً في تدعيم تُعلُم أفضل، ونقصها أو عدمها يخل بعملية التَعلُم ويتطلب جهداً مضاعفاً من المعلم والمتعلم.

(ح) الفرق بين التعليم والتعلم:

التَعلُم مجهود شخصي ونشاط ذاتي يصدر عن المتعلم نفسه وقد يكون كذلك بمعونة من المعلم وإرشاده أما التعليم فهو مجرد مجهود شخصي لمعونة شخص على التَعلُم.

والتعليم عملية حفز واستثارة لقوى المعلم العقلية ونشاطه الذاتي وتهيئة الظروف المناسبة التي تمكن المتعلم من التَعلُم كما أن التعليم الجيد يكفل انتقال أثر التدريب والتعلم وتطبيق المبادئ العامة التي يكتسبها المتعلم على مجالات أخرى ومواقف مشابهة وتمتاز عملية التعليم الصحيحة بأنها تُكوِّن اتجاهات نفسية لدي المتعلمين نحو الدقة والنظام والثقة بالنفس إضافة إلى تكوين اتجاهات اجتماعية مثل التكيف مع البيئة الاجتماعية والتعامل مع الآخرين وإنشاء علاقات عامة واتجاهات فكرية وعقلية كالبحث والتحقق من صحة المعلومات وحل المشكلات بالطريقة العلمية.

أي أن عملية التعليم لا تتم ألا بوجود ثلاثة عناصر هي:

- المعلم أو المرشد الموجه.
- المتعلم: وهو الفرد الذي يريد أن يتعلم شيئا ما.
- المادة أو الموضوع.

وأساليب التعليم كثيرة ومتنوعة ويمكن تصنيفها إلى ثلاث فئات:

1- أساليب مبنية على العمل وهي التي تعتمد على عمل التلميذ نفسه ومشاركته وممارسته أثناء عملية التعليم، ثم قيام التلاميذ بتجارب عملية أو بتمثيل الأدوار أو بمشاريع.

2- أساليب مبنية على العرض وهي التي تعتمد على قيام المعلم بعرض الأشياء أو الصور أو النماذج ومشاهدة التلاميذ لما يعرض عليهم.

3- أساليب مبنية على الكلام وهي التي تعتمد على كلام المعلم مثل (المحاضرة) والأسلوب المباشر في التفاعل الصفي، إنه لابد من الإشارة إلى أن المعلم لا يستخدم عادةً أساليب الفئة الواحدة بمعزل عن أساليب الفئة الأخرى فقد يستخدم العرض مع العمل أو الكلام وذلك وفقا لما تملية ظروف الموقف التعليمي وطبيعته.

3- **ماهية التدريب:**

نستعرض في هذه الجزئية النقاط التالية:

أ- مفهوم التدريب.

ب- أهمية التدريب.

ج- أهداف التدريب.

د- أنواع التدريب.

(أ) مفهوم التدريب:

هناك تعريفات متعددة للتدريب، تختلف باختلاف نوع التدريب وأهدافه، حيث نستعرض بعض المفاهيم:

- يُعرِّف التدريب أحد الباحثين بأنه مجموعة الأنشطة التي تهدف إلى تحسين المعارف والقدرات المهنية، مع الأخذ في الاعتبار دائمًا إمكانية تطبيقها في العمل، كما انه النشاط الخاص باكتساب وزيادة معرفة ومهارة الفرد لأداء عمل معين.

- كما يُعرَّف على أنه؛ الجهد المنظم والمخطط له لتزويد الموارد البشرية في المنظمة بمعارف معينة، وتحسين وتطوير مهاراتها وقدراتها، وتغيير سلوكها واتجاهاتها بشكل إيجابي بنّاءً مما قد ينعكس على تحسين الأداء في المنظمة، فهو عملية تعلُم تتضمن اكتساب مهارات ومفاهيم وقواعد أو اتجاهات لزيادة وتحسين أداء الفرد.

- وكذلك التدريب هو نشاط مخطط يهدف إلى تزويد الأفراد بمجموعة من المعلومات والمهارات التي تؤدي إلى زيادة معدلات أداء الأفراد في عملهم، فهو تطوير منظم للمعرفة والمهارات والاتجاهات التي يحتاج إليها الفرد حتى يتمكن من القيام بأداء واجباته بكفاءة.

ويرى الكاتب أن التدريب والتطوير مفهوم واحد لهدف واحد بينما مفهومين مختلفين لطرفين مختلفين، حيث إنَّ التدريب والتطوير يهدف إلى إكساب المهارات والمعارف بصفة عامة، أما التدريب فهو إكساب المهارات والمعارف للعاملين فيما يخص وظيفتهم الحالية، بينما التطوير فهو إكساب المهارات والمعارف للعاملين لمستقبل وظيفي مشجع ومحفز.

فتدريب الموظف يهدف عادةً إلى تحسين أداء الموظف بوظيفته الحالية، بينما يتوجه التطوير إلى إعداده لوظائف ومواقع أخرى بالمنظمة، ويزيد من قدرته للتحرك - مستقبلاً - نحو وظائف قد لا تكون قد هيأت بعد كما يساعد التطوير الموظف أيضا على الاستعداد لتغييرات متوقعة مستقبلاً بوظيفته الحالية.

(ب) أهمية التدريب:

انطلاقاً من تلك المفاهيم الأساسية للتدريب تبدوا أهمية التدريب للموظف الجديد والموظف القديم على السواء. فالموظف الجديد الذي يلتحق حديثاً بالمؤسسة قد لا تتوافر لديه بعد المهارات والخبرات الضرورية لأداء واجبات الوظيفة بالكفاءة المطلوبة.

ومن هنا تبدو أهمية التدريب في إكساب الموظف الجديد المهارات التي تجعله قادراً على أداء الواجبات المتوقعة منه بطريقة مرضية وصحيحة وحتى الموظف ذو الخبرة السابقة الذي يلتحق حديثاً بالمنظمة لشغل وظيفة معينة قد لا تتوافر لديه كافة القدرات الضرورية للأداء الجيد، وهنا يفيد التدريب في استكماله للقدرات المطلوبة، فضلاً عن توجيهه وتكيفه مع الظروف والأوضاع القائمة بالمنظمة، وبالتالي يكون التدريب مسانداً ومدعماً لقدرات الموظف الجديد بما يكفل له التوافق مع متطلبات العمل ومِنْ ثَمَّ أداء العمل بطريقة جيدة، كما لا تقتصر أهمية التدريب وفوائده على العاملين الجدد الملتحقين حديثاً بالمنظمة، وإنما تشمل أهميته وفائدته أيضاً العاملين القدامى وذلك بما يكفل تطوير معلوماتهم وتنمية قدراتهم على أداء أعمالهم وذلك لأن هناك تطوراً مستمراً في العلوم والمعارف، الأمر الذي يستلزم إحداث تطوير مستمر في نظم وأساليب العمل، وهذا الأمر يقتضي تسليح العاملين وتزويدهم بالمهارات والمعارف الجديدة والمساعدة لأداء العمل بكفاءة وفاعلية من خلال التدريب.

ومن جانب آخر فإن التدريب يكون مطلوباً بغرض إعداد العاملين لتولى تلك الوظائف ذات المستوى الأعلى من الصعوبة والمسؤولية والتي تتطلب مستويات أعلى من المهارات والقدرات، وذلك من خلال المسار الوظيفي أو المهني ومن هنا تبدو أهمية التدريب في تنمية وتطوير قدرات العاملين لتولى الوظائف أو المناصب ذات المستويات الأعلى التي سيتم ترقيتهم إليها في القريب الآجل.

كما إن أهمية التدريب لا تقتصر على تطوير قدرات العاملين من خلال تلك المعلومات والفنون والمهارات المرتبطة بأداء العمل فقط وإنما تمتد تلك الأهمية لتشمل تحسين وتطوير سلوكيات العاملين في العمل وتعاملهم مع المؤسسة ومع الزملاء والرؤساء والمرؤوسين وجمهور المؤسسة، بمعنى أن التدريب هنا يفيد في ترشيد الأنماط والعادات السلوكية وتطوير القيم والاتجاهات النفيسة للعاملين وتكفل لهم المحافظة على توازنهم النفسي ومن هنا نلاحظ أن فوائد التدريب وأهميته تمتد لكي تشمل المؤسسة والموظف أو العامل المتدرب ومجموعة العمل.

فالمؤسسة تستفيد من التدريب باعتبار أن التدريب يهدف في النهاية إلى تحسين وتطوير قدرات العاملين وبالتالي تحسين أدائهم للعمل ومِنْ ثَمَّ تحسين وتطوير وزيادة إنتاجية المؤسسة والموظف أو العامل المتدرب يستفيد من التدريب باكتسابه لمهارات جديدة تزيد من قدراته على أداء عمله الحالي وهو الأمر الذي يكسبه ميزات مادية ومعنوية فضلاً عن زيادة قدرته على أداء أعمال مستقبلية وإتاحة الفرص أمامه للترقي لمناصب ووظائف أعلى في مستقبل حياته الوظيفية.

كما أن التدريب يسهم بصورة فاعلة في تطوير العلاقات البشرية داخل بيئة العمل، وهذه العلاقات تكون أقوى وأكثر فعالية عندما تتوافر لدى أفراد المؤسسة تلك المهارات والقدرات المطلوبة لأداء العمل، كذلك عندما يعملون داخل إطار جيد من العلاقات السلوكية فيما بينهم، بالإضافة إلى ذلك فإن التدريب من الأهمية بمكان لزيادة قدرات ومعارف العاملين في المستويات التنفيذية والإشرافية على السواء، فإنه يكون لازماً لتنمية قدرات المديرين والرؤساء الحاليين في مختلف المستويات الإدارية بالمؤسسة، إلى جانب تهيئة مديري المستقبل وتسليحهم بالمهارات الإدارية التي تمكنهم من شغل المناصب القيادية في المستقبل. ومرد ذلك أن التدريب الإداري قد أصبح لازماً لتعميق ورفع قدرات المديرين على مختلف مستوياتهم الإدارية والقيادية على الإدارة وفاعلية تحديد الأهداف ورسم السياسات

والإستراتيجيات وتحليل المشكلات واستصحاب الأساليب العلمية في إتخاذ القرارات، إلى جانب تنمية قدراتهم على الإدراك الشامل لمؤسساتهم وللبيئات الاجتماعية والثقافية والاقتصادية والعادات وغيرها، كذلك تطوير وتنمية سلوكيات واتجاهات المديرين والمشرفين وأنماط تفكيرهم وإكسابهم المهارات السلوكية للإدارة الفاعلة. فضلاً عن ذلك فإن التدريب يساهم في إشباع الحاجات الأساسية للمديرين وهي حاجات بطبيعتها سيكولوجية من خلال مقابلة التدريب الإداري لمستوى طموحاتهم وهذا الأمر ينعكس إيجاباً على تحسين وتطوير إنتاجية المؤسسة. فالتدريب عملية مستمرة تشمل كافة العاملين وطوال حياتهم الوظيفية.

صفوة القول أن التدريب بمثابة استثمار للموارد البشرية المتاحة في مختلف مستوياتهم تعود عوائده على كل من المؤسسة والموارد البشرية التي تعمل بها.

(ج) أهداف التدريب:

من خلال مفاهيم التدريب وأهميته نجد أن أهداف التدريب تتمثل في:

- زيادة الرغبة لدى المدراء والمشرفين نحو التغيير وتنمية درجة استعدادهم لقيادة التطوير عن اقتناع كامل.

- زيادة خبرة المدراء والمشرفين والأفراد وصقلها وإتاحة الفرصة لهم لرفع مستوياتهم وتأهيلهم لوظائف أكثر مسؤولية لمقابلة الاحتياجات المتزايدة للتطوير.

- تزويد الأفراد بالمعرفة عن المبادئ والأساليب الإدارية والفنية لكافة الوظائف وتوضيح دورهم في تحقيق الأهداف للشركة التي يعملون بها.

- زيادة الإنتاج؛ وذلك بزيادة الكمية وتحسين النوعية من خلال تدريب العاملين على كيفية القيام بواجباتهم بدرجة عالية من الإتقان ومِنْ ثَمَّ زيادة قابليتهم للإنتاج.

- الاقتصاد في النفقات؛ حيث تؤدى البرامج التدريبية إلى خلق مردود أكثر من

كلفتها وذلك عـن طريـق رفـع الكفـاءة الإنتاجيـة للعـاملين والاقتـصاد في الوقـت نتيجـة للمعرفة الجيدة بأسلوب العمل وطريقة الأداء.

- رفع معنويات العاملين؛ إذ عَبرَ التدريب يشعر العامل بجدية المؤسسة في تقـديم العـون له ورغبتها في تطويره وتمتين علاقته مع مهنته التـي يتعـايش منهـا مـما يـؤدى ذلـك إلى زيادة إخلاصه وتفانيه في أداء عمله.

- توفير القوة الاحتياطية في المنشأة؛ بحيث يمثل مصدراً مهماً لتلبية الاحتياجـات الملحـة في الأيدي العاملة، فعبره يتم تخطيط وتهيئة القوى العاملة المطلوبة.

- التقليل في الإسراف؛ لأن تدريب العاملين معناه تعريفهم بأعمالهم وطرق أدائها وبـذلك يخلق معرفة ووعياً وقدرة على النقد الذاتي بشكل لا يحتاج معـه المـدرب إلى مزيد مـن الإشراف والرقابة في أدائه لعمله.

- القلة في حوادث العمل؛ إن التدريب معناه معرفة العـاملين بأحـسن الطـرق في تـشغيل الآلة وبحركة ومناولة المواد وغيرها ما يعد مصدراً من مصادر الحوادث الصناعية ويعمل التدريب على القضاء أو التقليل من تلك الحوادث المرتبطة بهذه العمليات.

- إتاحة الفرصة لصقل المهارات واكتساب الخبرات.

- تصحيح الرؤية أو التأكيد عليها أو توضيحها.

- التزود بالمعلومات والبيانات المتعلقة بالعمل.

- يُمكنُ عن طريق التدريب التعرف على نواحي القوة والضعف لدى أي مؤسسة.

- إمكانية اكتشاف خبرات وطاقات العاملين.

- رفع مستوى كفاءة وفعالية العاملين.

- توحيد وتنسيق اتجاهات العاملين لتحقيق أهداف المؤسسة.

- رفع مستوى الكفاية الإنتاجية.

- العمل على تعديل سلوك الأفراد والجماعات والاتجاهات أيضًا.
- ولما كانت كل شركة ترغب في تحقيق أقصى ربح ممكن فإن ذلك لا يأتي إلا عن طريق الاستخدام الأمثل للموارد والإمكانيات المتاحة، وبما أن الأفراد من بين الموارد والإمكانيات اللازمة فانه يمكن عن طريق التدريب رفع وتطوير كفاءة العاملين للمساهمة في تحقيق الهدف النهائي للشركة.

(د) أنواع التدريب:

باعتبار أن التدريب وسيلة لتحقيق أهداف المؤسسة وذلك من خلال تنمية الأفراد والارتفاع بمستويات أدائهم، فإنه يختلف باختلاف أهداف الهدف منه وطبيعة العمل والمستوى الوظيفي. ويختلف من مؤسسة إلى أخرى حسب طبيعة العملية الإنتاجية نفسها وحسب مقدرتها المالية وإمكانياتها وعدد الأفراد الذين يعملون بها.

وبناءً على ذلك، يمكن أن نقول أن هناك تقسيمات عديدة لأنواع التدريب، فهناك من يصنفها حسب الهدف ومنها من يصنفها حسب المستوى الوظيفي أو نوع الوظيفة وآخرون يصنفونها حسب المكان ومرحلة التوظيف، كما يلي:

حسب مرحلة التوظيف والمستوى الوظيفي:

لا يقتصر التدريب على فئة معنية من العاملين دون أخرى، بل يشتمل كافة أنواع فئة العاملين من مشرفين وعمال صناعيين... الخ، ولكن يمكن تصنيف التدريب حسب مرحلة التوظيف إلى نوعين هما:

1- **التدريب في المراحل الأولى من التوظيف**: ويُقصدُ به العاملين الجدد.
2- **التدريب في مراحل متقدمة من التوظيف**: وهو تدريب العاملين القدامى

حيث التدريب في المراحل الأولى من التوظيف: وهو التدريب الذي يحصل عليه الفرد في الأيام الأولى من التحاقه لتعيينه في الوظيفة، وهو بمثابة تهيئة الأفراد

وتعريفهم بالعمل الجديد الذي أصبح مُسنداً لكل واحد منهم وكيفية أدائه وإعلامهم أيضا بأنظمة المنشأة وأهدافها وسياستها وبالمهام والمسؤوليات التي عُين فيها كل منهم وبكيفية النهوض بأعبائها وعلاقة عمله بأعمال الآخرين، ومدى مساهمة العمل الذي يقوم به في تحقيق الهدف العام للمنشأة الذي وجدت من أجله كما يحاط كل فرد منهم علماً بظروف العمل كالأجور والتقنيات والخدمات التي تقدمها المؤسسة للعاملين وغيرها من الأمور التي تتعلق بأنظمة العمل في المنشأة.

أما عن التدريب في مراحل متقدمة من التوظيف: ويقصد به تدريب العاملين القدامى في المنشأة ويهدف هذا النوع من التدريب إلى اكتساب العاملين مهارات ومعارف جديدة يتطلبها التقدم في العلوم الإدارية التكنولوجيا فيساعدهم على تحسين قدراتهم في إنجاز العمل،وتطوير المعارف والمهارات التي اكتسبوها من قبل، مما يؤدي إلى رفع قدراتهم وكفاءتهم في العمل.

أما عن التدريب في المستوى الوظيفي فيشمل:

1- **التدريب المهني:** وهو التدريب في مجال الحرف التي تتطلب مدى كبير ومتنوع من المعارف والمهارات والاستقلالية في الحكم والتقدير.

2- **التدريب التخصصي:** يشمل هذا النوع من التدريب وظائف أعلى من الوظيفة الفنية والمهنية، فهو يتطلب خبرات ومعارف متخصصة لمزاولة مهن أو عمل متخصص.

3- **التدريب الإداري:** يشمل فئات الإداريين في المستويات الإشرافية أو العليا أو الوسطى أي العاملين بالوظائف الإدارية، فهو يتضمن مجالات واسعة تتركز حول الجوانب السلوكية والقيادية والمالية والمحاسبة والتخطيطية.

4- **تدريب المتدربين:** ويتم تدريب المتدربين بغرض إعدادهم للقيام بدورهم وذلك بتطوير وتنمية مهاراتهم ورفع كفاءاتهم ليتمكنوا من إيصال المعلومات.

التدريب حسب المكان:

يمكن تصنيف أنواع التدريب حسب المكان الذي يتم فيه تـدريب العاملين إلى نـوعين فإما أن يكون داخل المؤسسة أو خارجها، كما يلي:

1- **التدريب داخل المؤسسة:** يعتبر هذا النوع من التدريب أكثر انتشاراً بسبب انخفاض تكاليفـه مقارنة مع التدريب الخارجي. وكذلك قِصر مدة التدريب فهذا النوع من التدريب يقوم عن طريق مدربين ينتمون إليها ومن خارجها، بحيـث تتعاقد المؤسسة معهم لإجـراء برامج تدريبية والإشراف على تنفيذها. ويتم في قاعات متخصصة للتدريب أو قاعات دراسة داخل المؤسسة أو في موقع العمل.

2- **التدريب خارج المؤسسة:** في بعض الأحيـان، تفضـل المؤسسـة القيام بتدريب العمـال خارج محيطها وذلك بسبب توافر الأدوات التدريبية المتاحـة بشكل أفضل في الخـارج وسبب عجزها في إنجاز برامج تدريبية أفضل.و قد تم هذا النوع في المؤسسات خاصة بالتدريب أو يتم عن طريق برامج حكومية.

التدريب حسب الغاية منه:

يمكن تصنيف أنواع التدريب حسب الغاية منه إلى الأنواع التالية:

1- **برامج التوجيه والتدريب:** يخص هذا النوع العاملين الجدد، ويتمثـل دورهـا في تقـديم الفرد عمله وتعريفه بالمحيط الذي يعمل فيه والوظائف الأخرى، وإعطائـه فكـرة عـن طريقة العمل والدور الذي تلعبه هذه الوظيفة في تحقيق الأهداف العامة، ويعتبر هـذا النوع من التدريب مهماً في حياة العامل الجديد لأنه يساعده عـلى التأقلم والتكيف مع الوظيفة الجديدة، وأدائه لعمله بشكل جيد والتأقلم بـشكل عـام مـع المحيط الـداخلي للمؤسسة.

2- **التدريب العلاجي:** يحتاج الفرد إلى برامج تدريبية علاجية في حالـة فـشل في أداء عملٍ يكون قد خضع فيه لبرامج تدريبية سابقة، ولهذا تُصممُ المؤسسة برنامج

تدريبي ثانٍ لإدارة النقص ومعرفة أسباب هذا الفشل لتستطيع المؤسسة إزالة النقائص التـي كانت سبب فشل الفرد والاستفادة من البرامج التدريبية.

3- **التدريب على الأمن:** يهدف هذا النوع إلى أن يشعر العامل بأهمية الأمن لحفظ سلامته وسلامة عمله وأيضا المحافظة على ممتلكات المؤسسة من معدات وأدوات ومبانٍ ومخزون وغيرها، وبالتالي مراقبة للإنتاج ووسائله بالمؤسسات ذات الجودة التي تقوم بتدريب أفرادها على الرقابة من الحوادث والمحافظة على الآلات.

4- **التدريب بغرض الترقية:** يقصد بمفهوم الترقية انتقال الفرد من وظيفة معينة إلى وظيفة أعلى منها مع تحمل مسؤوليات أكبر، وهذا يعني أن الوظيفة الجديدة تتطلب مهارات ومعارف خاصة بها ورغبة الفرد في الارتقاء، مما تُولدُ لديه رغبة في اكتساب المزيد من المهارات والمعارف لأداء العمل المطلوب منه وفق المستوى المطلوب.

ويمكن توضيح أنواع التدريب المختلفة من خلال الشكل رقم (1-4).

4- توازن العلاقة بين التدريب والتعليم:

إن النظرة الغير صحيحة في توازن العلاقة ما بين التدريب والتعليم، هي أن عملية التعليم تؤهل الأفراد المتعلمين إلى أنواع معينة من الأعمال الذهنية، وهو طريق التخصص في نمط من الأعمال، أما التدريب فهو يؤهل الأفراد على مهن ومهارات عملية، وهو طريق التأهيل في نمط من الأعمال اليدوية، والواقع أن هذه النظرة وربما انعكاساتها الفعلية الموجودة حقًا في المجتمع، هي التي ساعدت على إيجاد المقارنة غير الدقيقة التي تقول أما التعليم أو التدريب. وأن الاتجاه السائد عند بعض الأفراد بان التدريب هو حصة الذين لم تتوافر لهم فرصة أو مواكبة مواصلة التعليم.

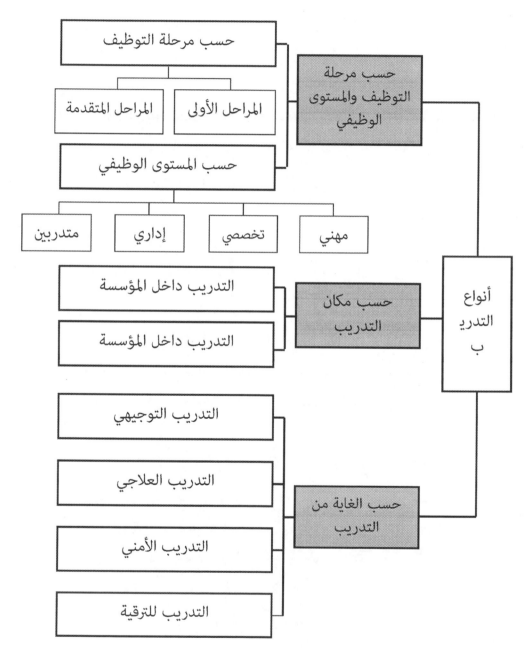

شكل (1-4): التقسيمات المختلفة لأنواع التدريب

إن التعليم يدخل في مضمون التدريب والتأهيل للأفراد بصيغة معارف ومعلومات ذات طابع أكاديمي أما التدريب فهو مواصلة للتعليم بأساليب عملية جديدة، لهذا نجد أن التدريب حالة مكملة للتعليم وقد عُرِّف التدريب على انه عملية ديناميكية تستهدف أحداث تغيرات في معلومات وخبرات وطرائق أداء وسلوك واتجاهات المتدربين بغية تمكنهم من استغلال إمكاناتهم وطاقاتهم الكامنة بما يساعد على رفع مستوى كفاءتهم في ممارسة أعمالهم بطريقة منتظمة وإنتاجيه عاليه.

وبما أن العملية التدريبية نظام متكامل تحتوي على أنظمة فرعيه، وهي كذلك نظام فرعي ضمن نظام اشمل، فإن أي تغيير في هذا النظام يؤثر بشكل أو بآخر على بقية الأنظمة، لهذا فإن الجهود المنظمة والمخططة لتطوير معارف وخبرات واتجاهات المتدربين سوف تجعلهم أكثر فاعلية في أداء أعمالهم وتنمية اتجاهاتهم الإيجابية المطلوبة.

وفي ضوء ما تقدم فإن التدريب يهدف إلى زيادة معارف المتدربين ومعلوماتهم وإكسابهم المهارات اللازمة لتطوير كفايتهم، وتنمية اتجاهاتهم نحو العمل وزيادة إتقانه وفرص النجاح فيه وبما يؤدي إلى رفع الروح المعنوية لديهم وزيادة الإنتاج والإنتاجية بالعملية التعليمية ورفع المستوى العلمي للطلبة بمواكبة المستجدات في حقول المعرفة وتنمية الروابط الإنسانية السليمة بينهم.

ولم يعد التدريب مفصولاً عن التعليم، بل انه متداخل معه في الأهداف ومقترن معه في مراحل معينه بأساليب وأنماط التدريب المتعددة فنجد أن في فرنسا تم اعتماد التدريب كجزء من المقررات الدراسية وبمعدل 8 ساعات أسبوعيا، وهناك دول أخرى تلجا إلى تدريب الطلبة بعد تعليمهم قبل دخولهم سوق العمل، بما يجعل التدريب جزءًا من التعليم ومدخلا لسوق العمل.

وبما أن التعليم اكتساب المعارف والمعلومات التخصصية النظرية، وان التدريب

عمليــة اكتـساب المهـارات والقــدرات العمليــة، لهـذا نجـد أن هنـاك علاقـة مـا بـين التعليم والتدريب، وأن المتعلمين يجدون في أحيان كثيرة أن مـا تعلمـوه لا جـدوى منـه بـدون قـدر مناسب من التدريب، وإذا لم يتوافر ذلك في فرصه تدريبيه منظمه فأنهم يوفرونهـا في بدايـة عملهم حيث تكون الفترة الأولى لمباشرتهم بالعمل بمثابة فترة تدريبية غير نظاميه. إذن أصبح التعليم يوصل إلى التدريب بالقدر نفسه الذي أصبح فيه التدريب علـى الأسـاليب الحديثـة يستلزم قدرًا مناسبًا من التعليم.

إن عدم توازن العلاقة ما بين التعليم والتدريب في مؤسساتنا التعليمية هـي أن سـاعات التدريب والتطبيق العملي ما زالت قليلة وفي بعض الجامعات أو الكليات هامشيه ولا تلبـي الحاجة الفعلية لجعل التدريب مُكملاً للتعليم، ولأنه المقدمة الضرورية لدخول سوق العمل على أسـاس متـين مـن المعـارف والمهـارات المطلوبـة فيـه يتطلـب الاسـتفادة مـن مؤسسـاتنا الإنتاجية والخدمية كورش للتدريب في موقع العمل وكما مطبق في اليابان الذي تعتمـد علـى التعليم التطبيقي في مواقع العمل.

إن عدم الاستفادة من الملكات العلمية والفنية في الجامعات ومـن القـدرات المتاحـة في مؤسساتنا التي يمكن توظيفها في التدريب تُعدُّ مشكله تبرز هـذين النـوعين مـن الهدر،ولهـذا فنحن بحاجه ماسه إلى سياسة واضحة المعالم باعتبار النشاط التدريبي حالـه مكملـه للتعليم وخلق علاقة عضويه ما بين التعليم والتدريب، أي مـا بـين مؤسسـاتنا التعليميـة والإنتاجيـة والخدمية، مما يزيد من فاعليه وكفاءة التعليم والتـدريب هـو في العلاقـة مـا بـين المنـاهج والمعارف النظرية من جهة والخبرات والمهارات المهنية والعملية من جهة أخرى.

إن الدراسات والبحوث العالمية في هذا المجال أكـدت علـى حقيقـة أن بطالـة المتـدربين هي اقل من بطالة المتعلمين، وعليه فإن ربط التعليم بالتدريب تتيح فرصًا أفضل لمخرجات التعليم في العمل والانخراط فيه بسرعة مع إمكانية عاليه للتكيف لظروف ومتطلبات العمل.

ولهذا فإن جعل التدريب جزء لا يتجزأ من التعليم وان يكون رديفًا له سوف يحقق لنا توظيف إمكانات المؤسسات التعليمية في خدمة المؤسسات الإنتاجية والخدمية، وفرض العلاقة العضوية ما بين التعليم والتدريب كوسيلة في تدعيم النظرة الشاملة والمتكاملة للإنسان في عقله وهو ما يهتم به التعليم وبدنه وما هو ما يهتم به التدريب.

ويمكن توضيح الفرق بين التعليم والتدريب من خلال الجدول التالي:

جدول (1-2): الفرق بين التدريب والتعليم

البيان	التعليم	التدريب
الأهداف	تتلاءم الأهداف مع حاجة الفرد	أهداف سلوكية محددة لتجعل العاملين والمجتمع بصفة عامة أكثر كفاءة وفعَّالية في وظائفهم.
المحتوى العلمي	محتوى عام	محدد تبعاً لحاجة العمل الفعلية
المدة	طويلة	قصيرة
الأسلوب	أسلوب التلقي للمعارف الجديدة	أسلوب الأداء والمشاركة
المكاسب	معارف ومعلومات	معلومات ومهارات.

المصدر: عبد الرحمن توفيق، التدريب: الأصول والمبادئ العلمية، القاهرة، مركز الخبرات المهنية للإدارة، 2009، ص 28.

مراجع الفصل الأول

الكتب العلمية:

أنور محمد الشرقاوي، التَعلُم نظريات وتطبيقات، القاهرة، مكتبة الأنجلو مصرية، 2001.

السيد عبد الحميد سليمان، صعوبات التَعلُم، القاهرة، دار الفكر العربي، 2003.

جابر عبد الحميد جابر، سيكولوجية التَعلُم ونظريات التعليم (الطبعة التاسعة)، القاهرة، دار النهضة العربية.

عبد الرحمن توفيق، إستراتيجيات الاستثمار البشري بالمؤسسات العربية، القاهرة، مركز الخبرات المهنية للإدارة (بميك)، 1996.

عبد الرحمن توفيق، التدريب الأصول والمبادئ العلمية، القاهرة، مركز الخبرات المهنية للإدارية، 2009.

المواقع الإلكترونية:

- www.hrdiscussion.com/hr2009.html

- www.suwaidan.com

- http://kenanaonline.com/users/MahmoudRadwan

- www.fao.org/wairdocs/af196a/af196a02.htm

الفصل الثاني

أسس ومبادئ التدريب

بقراءتك لهذا الفصل ستكون قادراً على معرفة:

1- التدريب كنظام متكامل
2- التدريب الفعّال يقوم على الاتصال الفعّال
3- تحديد الاحتياجات التدريبية
4- قياس وتحليل تكاليف التدريب
5- قياس العائد من التدريب
6- التدريب الإلكتروني

الفصل الثاني

أسـس ومبـادئ التدريـب

تقديم:

التدريب هو النشاط المستمر لتزويد الفرد بالمهارات والخبرات والاتجاهات التي تجعله ناجحاً ومتميزاً في مختلف نواحي الحياة، فالتدريب هام لنا كأفراد وهناك الكثير من الدورات التدريبية التي تفيدنا في تنمية مهارتنا في العمل وفي الحياة. فالكثير منا يحتاج لتنمية مهاراته في مجال ما أو اكتساب بعض المعارف والمهارات الإدارية إلى آخر الموضوعات المرتبطة بمهارات العمل.

التدريب كذلك مهم لاكتساب مهارات لها علاقة بالحياة مثل مهارات الاتصال وفنون الحوار والاستعداد لمراحل الحياة المقبلة وكيفية إدارة الحياة وكيفية التعامل مع الأنماط المختلفة للشخصيات وغيرها من الموضوعات.

لهذا نستعرض في هذا الفصل المحاور الأساسية للتدريب من خلال النقاط التالية:

1- التدريب كنظام متكامل.

2- التدريب الفعَّال يقوم على الاتصال الفعَّال.

3- تحديد الاحتياجات التدريبية.

4- قياس وتحليل تكاليف التدريب.

5- قياس العائد من التدريب.

6- التدريب الإلكتروني.

1- التدريب كنظام متكامل:

يميل د. أحمد سيد مصطفى بأن ينظر للتدريب كمنظومة تتألف من ثلاثة مكونات هي: المدخلات، والعملية التدريبية، والمخرجات، كما يلي:

أولا: مدخلات التدريب:

تتمثل هذه المدخلات في: مدخلات بشرية تضم المتدربين والمدربين وأعضاء جهاز التدريب القائمين على تخطيط وتنفيذ وتقييم التدريب. ومدخلات مادية تضم مركز (أو مراكز) التدريب، وتجهيزات التدريب من حيث الأثاث والوسائل التدريبية ومدخلات مالية لتمويل البرامج وصرف حوافز التدريب المالية.

المدخلات البشرية، وهذه تتمثل في:

1- المتدربون، بمستويات وأنماط أدائهم الفني والتعاملي عند ترشيحهم ويتطلب نجاح برامج التدريب ترشيح واختيار المتدربين على أسس موضوعية مثل اختيار مَنْ يحتاجون فعلاً للتدريب، وتَدربهم على العمل الذي يؤدونه فعلاً، أو على العمل الآخر المستهدف إذا كان التدريب تحويلاً ويؤدي ترشيح واستيعاب متدربين في برامج لا تتصل بتخصصاتهم أو لبرامج متقدمة تفوق درجة استيعابهم، أو يكونوا غير مستعدين لها أو راغبين في التدريب يؤدي ذلك لإهدار جهود وتكاليف التدريب دون عائد كما تؤدي اتجاهات بعض الرؤساء لترشيح أفراد سبق أن تلقوا

نفس البرنامج، أو أفراد يودون التخلص منهم بعض الوقت، أو على العكس محاباتهم بإيفادهم للتدريب إلى تحمل تكلفة دون عائد. كما يؤدي ذلك إلى تحميل زملاء مَنْ أوفدوا للتدريب بأعبائهم في العمل. من ناحية أخرى فإن عدم ترشيح العدد الكافي من المتدربين - إما لإحجام الرؤساء عن ترشيحهم أو لنقص اعتماد بدل السفر للمتدربين - يؤدي لزيادة التكلفة الثابتة للتدريب وتقليل عائده من حيث الأفراد المطلوب تكوين مهارتهم أو صقلها.

2- **المدربون**، بمستوى كفاءتهم الفنية والسلوكية. ويعد اختيار وتأهيل المدربين بحيث يكونوا على خبرة تامة بموضوع التدريب، وقدرة كاملة على توصيل المعلومات بإقناع وبطريقة واضحة وشيقة، أحد أهم شروط نجاح التدريب. فلا يكفي أن تنحصر مقومات المدرب في أنه من كبار موظفي المنظمة، أو أنه مجرد محاضر أو أستاذ جامعي. إن المعيار الحاكم هنا مزدوج: الإحاطة الكاملة بموضوع التدريب مع القدرة على التوصيل بإقناع وتشويق.

واتفاقاً مع ذلك يؤكد د. أحمد سيد مصطفى على أهمية التدقيق في اختيار المدرب ويمكن أن يتأتى ذلك - ابتداء - خلال المقابلة الشخصية. حيث يُقيَّم مِنْ حيث سماته الشخصية: درجة الاستعداد المهني والعلمي والشخصي للتدريب والخبرة والصبر وضبط النفس والقدرة على القيادة والإقناع وتحمل المسؤولية والمظهر والصوت المناسب والقدرة على القيادة والإقناع وتحمل المسؤولية والمظهر والصوت المناسب والقدرة على استخدام مزيج متكامل من طرق التدريب، مع وسائل التدريب السمعية والبصرية المناسبة لموضوع التدريب.

كما يمكن تنظيم برامج لإعداد وتنمية المدربين من داخل المنظمة، تستهدف تأهيلهم فنياً وسلوكياً بإكسابهم المهارات في أسس التعليم والتدريب وتحضير المناهج واستعمال الوسائل التدريبية وإعداد الاختبارات وتصحيحها، كما تستهدف هذه البرامج إكسابهم مهارة إدماج الاعتبارات الفنية مع الإنسانية في العملية

التدريبية، ومعالجة مشكلات العمل الجماعي. وفي المدرسة القومية للتدريب الإداري بفرنسا تستخدم أساليب دراسة الحالات وتمثيل الأدوار لتأهيل المدربين. حيث تُقدَّم حالة عملية ويتناوب كل منهم القيام بدور المدرب لزملائه الذين يلاحظون أداء زميلهم القائم بدور المدرب من حيث: أسلوب الشرح وطريقة استخدام وسائل الإيضاح والحركات الشخصية والقدرة على الاتصال. وبعد انتهائه من تمثيل دور المدرب، يقوم زملاؤه بتقييم أدائه في نماذج خاصة. ثم يعرض الفيلم الذي صَوَّر ما دار ليشاهد كل متدرب - أدى دور المدرب - نفسه خلال الأداء ويسمع ملاحظات زملائه مع قيام المدرب الحقيقي بالتعليق والتوجيه.

3- **أعضاء جهاز التدريب بالمنظمة من الاختصاصيين** ومن يستشارون من خارجها، وهم المختصون بتخطيط وتنفيذ وتقييم التدريب. ويسهم تأهيل أعضاء جهاز التدريب بالمنظمة في تحسين كفاءة كل من مدخلات وعملية التدريب.

المدخلات المادية، وهذه تتمثل في:

1- **معلومات عن أهداف المنظمة**، الفرص والقيود البيئية، وعن المدخلات وعن برامج التدريب التي تصمم لتفي بالاحتياجات التدريبية للمتدربين، ومركز التدريب وتجهيزاته من وسائل الإيضاح السمعية والبصرية والمخصصات المالية للتدريب واللازمة لتمويل النشاط التدريبي ككل.

2- **مركز (مراكز) التدريب وتجهيزاته**. من المهم توافر المساحة المناسبة بما يتيح مساحات داخلية كافية لقاعة (أو قاعات) التدريب للوحدات الخدمية مثل المقصف والمكتبة وغرف المشرفين والإداريين. كما يجب توفر سبل راحة المتدربين من خلال أجهزة التكييف وعزل الصوت والإضاءة المناسبة، مع عدد كافٍ من المقاعد المريحة. ويمكن تخصيص مكتب صغير مع المقعد لكل متدرب. ويحسن تزويد كل مقعد أو مكتب ببطاقة يُكتبُ عليها اسم المتدرب وجهة عمله بما يسهل الاتصال بين المدرب

والمتدربين وبعضهم البعض. ويجب تحديد التصميم المناسب لتوزيع المقاعد لتكون في شكل دائرة أو مربع بما يتناسب ومساحة القاعة.

وإذا كان البرنامج التدريبي يقتضي تفرغ المتدربين وإقامتهم لأكثر من يوم في مركز التدريب فمن الضروري توفر تجهيزات الإقامة والإعاشة مثل أماكن النوم والراحة والمطبخ والمطعم والمكتبة وقاعة عرض الأفلام أو التليفزيون، ومن المهم أن يكون مركز التدريب مناسباً للمتدربين بشكل عام ليمكنهم الوصول إليه بسهولة. فمثلاً إذا كان لمنظمة مركز تدريب وحيد بالقاهرة ويطلب إلى موظفيها وموظفاتها في الأقاليم أن يفدوا لهذا المركز، فقد تقلل صعوبات الانتقال - لاسيما بالنسبة للموظفات - من فرص ترشيح العدد الكافي. لذا يَحسنُ - في مثل هذه الحالات - إقامة مراكز تدريبية إقليمية بما يمنع هذه المعوقات ويوفر للمتدرب أو المتدربة الطاقة الجسمانية والذهنية لتستخدم كاملة في استيعاب التدريب بدلاً من إهدار بعضها في الانتقال أو السفر.

3- **وسائل الإيضاح السمعية والبصرية**، وتتضمن أجهزة العرض الإلكترونية Data Show، وأجهزة الفيديو لعرض الأفلام التدريبية، وأجهزة عرض الشفافات Projector، والسبورات الكهربائية المتحركة رأسيا وأفقيا، والأشكال المرسومة والمصورة، والخرائط والرسوم التوضيحية، والكتيبات، وتسهم هذه الوسائل في خلق جو من الاهتمام والتشويق والتنوع بما يسهل استيعاب المتدربين من خلال امتزاج الأساليب الفنية للصوت والصورة، لاسيما في عرض الأفلام. وتستخدم بعض المنظمات أستوديو ملوناً خاصاً بها لإنتاج شرائط الفيديو لأغراض التدريب وتَضُم بعض مراكز التدريب الفرنسية أقساماً فنية يديرها خبراء في التصوير السينمائي والتليفزيوني وإخراج الأفلام التي توضح الطرق المثلي للأداء والسلوك ويشترك المدربون في إعداد المادة التدريبية. ويراعي أن تكون مدة عرض الفيلم في حدود 15-20 دقيقة، ثم يدور نقاش بين المدرب والمتدربين.

4- **برامج التدريب**، وهي البرامج التي تصمم بمحتوى وعمق معينين / ومدى زمني محدد لتغطي الاحتياجات التدريبية. فإذا كانت مصممة بالاتساع والعمق المناسبين فهي تسهم في تكامل وفعّالية المدخلات، ومِنْ ثَمَّ جودة عملية التدريب.

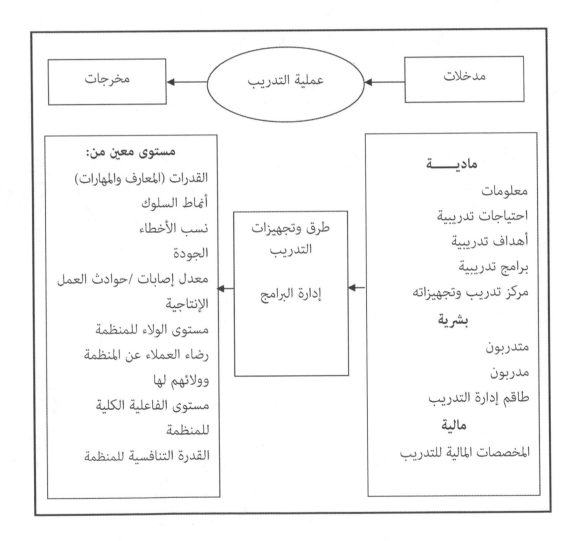

شكل (2-1): التدريب كنظام متكامل

المدخلات المالية:

وتتمثـل في المخصـصات الماليـة اللازمـة لتمويـل الـبرامج التدريبيـة مثـل إيجـار قاعـات تدريبية أو طبع المواد التدريبية، وحفز المتدربين أو أوائل من اجتازوا البرنامج التدريبي فمـن الضروري شحذ همة ورغبة الفرد للتدريب بحيث يحرص على الإفادة الكاملـة منـه. ويـساعد على ذلك تقديم حوافز مادية لأوائل المتدربين كلما أمكن ذلك ويفترض أن تكون قيمة الحافز معقولة بما يخلق دافعاً قوياً يساعد على نجاح التدريب كما يَحسُن أن يكـون الحـافظ فوريا عند انتهاء البرنامج وتقييم المتدربين (الذي يجب ألا يتأخر بدوره) ويتكامل مـع ذلـك تقـديم حافز مادي مناسب للمدرب. كما تتعدى حوافز التدريب ذلك إلى اعتبار التدريب أحد أسـس الترقية، أو الانتساب لمعاهد وكليات جامعية، أو الترشيح لبعثات أو مهام بالخارج وكذا إقامـة حفلات تجمع بين التقدير والترفيه في نهاية برامج التدريب.

ثانيا: عملية التدريب:

تتضمن هذه العملية استخدام مزيج مدخلات التدريب البشرية والمادية (سالفة الذكر) - وفق قواعد وطرق تدريبية - في تنفيذ البرامج التدريبية عـلى مـدى برنـامج محـدد. ويمكـن تحديد أهم مكونات عملية التدريب في كل مـن: طـرق التـدريب، وإدارة الـبرامج التدريبيـة، كما يلي:

أ- طرق التدريب:

تُركِّز نظريات التَعلُم الحديثة على أهمية أن يمارس المتلقي أو المتدرب - في هذا المجـال - درجة من المـشاركة في عمليـة التَعلُم بحيـث يـستثمر خبرتـه الـسابقة أو بعـضها في هـذه العملية. وقد يتطلب الأمر تصحيحاً لعمليـة التـدريب يتـضمن سرد المتـدرب لـبعض تجاربـه الماضية في موضوع التدريب، أو ما يفكر به أو يشعر بـه الآن، ويقـترن ذلـك أيـضا باسـتيعابه لاتجاهات وسلوكيات جديدة يُدَّرب به نفسه عليها.

ب- إدارة البرامج:

وبالنسبة لتشغيل البرنامج التدريبي والإشراف عليه، فهذه مهمة تقوم بها إدارة التدريب. حيث تهيئ المواد التدريبية وفقا لعدد المتدربين فضلا على توفير الأدوات والتجهيزات التدريبية وما قد يتطلبه من الأمر من مأكولات خفيفة أو مشروبات. كما تتولى هذه الإدارة متابعة انتظام والتزام المتدربين والمدرب بتوقيتات. الحضور وتوقيتات عرض عناصر البرنامج، وملاحظة انطباعات المدرب والمتدربين على وقائع البرنامج، وإتخاذ الإجراءات اللازمة لضمان انتظام وفاعلية تنفيذ البرنامج التدريبي أو البرامج التي يجري تنفيذها خلال الخطة التدريبية.

ثالثا: مخرجات التدريب:

تتمثل مخرجات الأداء التدريبي في مخرجات مباشرة وأخرى غير مباشرة. أما المخرجات المباشرة فتشمل مستوى معيناً من القدرات في مجالات الأداء المختلفة ومن أنماط السلوك، ومستويات للجودة مُعبراً عنها بنسب الأخطاء أو الوحدات المعيبة، ومعدل إصابات وحوادث العمل. وهو ما يُسهم في تحديد مستوى الإنتاجية البشرية وأما المخرجات غير المباشرة فتشمل مستوى رضاء العاملين وولائهم للمنظمة، ومستوى رضاء العملاء عن المنظمة وولائهم لها، والقدرة التنافسية للمنظمة.

وتجدر الإشارة إلى أن النظر للتدريب كمنظومة يقترن بما يلي:

- أن أي قصور عددي أو نوعي في أي من عناصر المدخلات أو كلها يؤثر سلباً على كل من عملية التدريب ومخرجات التدريب.

- أن أي قصور في أي من عناصر عملية التدريب يؤثر سلباً بالتبعية على مخرجات التدريب.

- أن مخرجات عملية التدريب هي محصلة كفاءة كل من التخطيط للتدريب ومدخلاته وعملية التدريب.

2- **التدريب الفعَّال يقوم على الاتصال الفعَّال:**

يُعرَّف الاتصال بأنه نقل رسالة من شخص (المرسل) إلى شخص آخر (المستقبل) بحيث يتم فهمهما بشكل صحيح من قبل المستقبل، حيث إنَّ مكونات دائرة الاتصال: وهي ثمانية مكونات على النحو التالي.

1- **الهدف:** المقصود به الغرض من الاتصال أو الغرض من نقل الرسالة للمستقبل، ويجب أن يكون الهدف واضحاً ومصاغاً بأسلوب يجعل المرسل يوفر كافة الوسائل لتحقيقه.

2- **المرسل:** هو الشخص الذي يحدد الهدف من الاتصال وله حاجة للاتصال من أجل التأثير على الآخرين. وهناك مهارات يجب أن يتصف بها المرسل وهي:

- بساطة ووضوح اللغة.
- التعبير عن الأهداف بدقة.
- اختيار أسلوب العرض المناسب.
- التحضير الجيد والإلمام بالموضوع.
- الانتباه إلى ردود الفعل وملاحظة ما يطرأ على المستقبل من تغيرات.
- إظهار الاهتمام بالمستقبل وتشجيعه وخلق الثقة بالنفس.

3- **المستقبل:** هو الشخص الذي يستقبل الرسالة من المرسل.

4- **الرسالة:** هي الناتج المادي والفعلي للمرسل، ولضمان وصول الرسالة بشكل جيد إلى المستقبل يفضل أن تتصف بالآتي:

- أن تكون الرسالة بسيطة وواضحة ومختصرة.
- لا تحمل أكثر من معنى.
- مرتبة ترتيباً منطقياً.

5- **قناة الاتصال:** هي حلقة الوصل بين المرسل والمستقبل والتي ترسل عبرها الرسالة، لذا يجب أن تكون قناة الاتصال خالية من التشويش ومناسبة لطرفي الاتصال.

6- **التغذية الراجعة:** هي المعلومات الراجعة من المستقبل والتي تسمح للمرسل بتكوين حكم نوعي حول فاعلية الاتصال.

7- **الاستجابة:** هو ما يقرر أن يفعله المستقبل تجاه الرسالة إما سلباً أو إيجاباً، الحد الأعلى للاستجابة هو أن يقوم المستقبل بما هدف إليه المرسل، كما أن الحد الأدنى للاستجابة هو قرار بتجاهل الرسالة أو أنه لا يفعل أي شيء حول الرسالة...

8- **بيئة الاتصال:** نقصد ببيئة الاتصال هو الوسط الذي يتم فيه حدوث الاتصال بكل عناصره المختلفة.

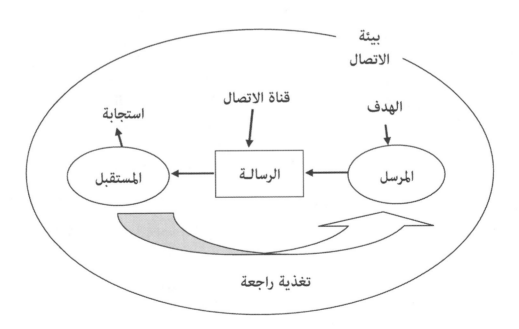

شكل (2-2): عناصر عملية الاتصال

أنواع الاتصال:

وهما نوعان لفظي وغير لفظي، كما يلي:

1- الاتصال اللفظي:

هو الاتصال الذي يتم عبر الكلمات والألفاظ، بحيث يتم نقل الرسالة الصوتية من فم المرسل إلى أذن المستقبل، الاتصال اللفظي له مدة واسعة من المدلولات، حيث تلعب اللغة المستخدمة ودرجة الصوت ومخارج الألفاظ دوراً كبيراً في إضافة معانٍ أخرى للرسالة.

في الواقع لا تظهر فواصل بين نوعي الاتصال، إذ أنهما يستخدمان معاً لدعم كل منهما الآخر في توصيل القيم والأحاسيس، إلا أننا عادةً نركز على الاتصال اللفظي وهذا الأمر قد يؤدي إلى عدم فاعلية وكفاءة الاتصال عند حدوث أي نوع من التوافق أو التعارض بين اتصالنا اللفظي وغير اللفظي. وللاتصال اللفظي أربعة مقومات أساسية هي:

- وضوح الصوت.
- التكرار.
- المجاملة والتشجيع والتجاوب.
- التغذية الراجحة.

2- الاتصال غير اللفظي:

هو الاتصال الذي لا تستخدم فيه الألفاظ أو الكلمات، ويتم نقل الرسالة غير اللفظية عبر نوعين من الاتصال هما:

النوع الأول: لغة الجسد؛ مثل:

- تعبيرات الوجه.

- حركة العينين والحاجبين.

- اتجاه وطريقة النظر.

- حركة ووضع اليدين والكفين.

- حركة ووضع الرأس.

- حركة ووضع الأرجل.

- حركة ووضع الشفاه والفم واللسان.

- وضع الجسم... إلخ.

النوع الثاني: الاتصال الرمزي لتوصيل القيم والأحاسيس للمتلقي،

مثال على ذلك:

- الشعر: اللحية، الشارب، الحلاقة، التسريحة.

- العلامات: مثل الوشم... وغيره.

- الجواهر والحلي.

- نوع وألوان الملابس.

- نوع وموديل السيارة.

- نوع المنزل وموقعه.

- المقتنيات (هاتف محمول، بيجر، الخ...).

- مكان الجلوس.

- المسافة بينك وبين الآخرين.

- مستحضرات التجميل... إلخ.

وللاتصال غير اللفظي خمسة مقومات هي:

- تواصل العينين.

- الابتسام.

- إظهار الاهتمام.

- الاسترخاء.
- التجاوب.

مميزات الاتصال الفعَّال:

- تقوية العلاقات.
- يساعد في بناء الثقة والتعاون.
- بساعد على إزالة اللبس وسوء الفهم ويقلل المشاكل والخلافات.

معوقات الاتصال:

- الاضطراب والسرعة في العرض.
- عدم الاهتمام بردود فعل الآخرين.
- التعالي والفوقية.
- التناقض بين الاتصالين اللفظي وغير اللفظي.
- التقديم الخاطئ.
- الشرود وعدم الانتباه.

الاتصال في التدريب:

بناءً على تعريف الاتصال فإنه يمكننا أن نُعرف التدريب بأنه نقل محتوى تدريبي أو مهارة تدريبية من شخص (المدرب) إلى شخص/ أشخاص آخرين (متدربين) بحيث يتم فهم محتوى أو اكتساب المهارة بشكل صحيح من قبل المتدربين، وبالرجوع إلى مكونات دائرة الاتصال الثمانية وربطها بالتدريب يمكن الوصول إلى الآتي:

1- الهدف: من الضروري أن يكون الهدف من الاتصال في التدريب معروفاً قبل البدء فيه، وبشكل عام فإن هدف التدريب يجب أن يكون:
   - محدداً.
   - مُصاغاً بأسلوب واضح.

- يتناسب مع قدرات المدرب.
- يتناسب مع احتياجات المتدرب.
- يمكن تحقيقه في الإطار العام للتدريب.

2- المُرسل (المدرب): هو الذي يقوم بنقل الرسالة (المحتوى التدريبي) من خلال قناة اتصال (أساليب التدريب) إلى المتلقين (المتدربين). ويعتبر المدرب محور عملية الاتصال التدريبي.

3- الرسالة (المحتوى التدريبي): يجب أن يتم إعدادها ومراجعتها مسبقاً قبل عرضها على المتدربين، ويجب أن تكون واضحة ومحددة وقابلة للتطبيق بواسطة المتدرب؛ ولذلك يجب مراعاة اختيار المعينات التدريبية وأساليب التدريب المناسبة لتوصيل المحتوى أو المهارة للمتدربين بصورة بسيطة وسهلة.

4- قناة الاتصال (أسلوب التدريب): عبارة عن الأداة/ المعينات التدريبية أو أساليب التدريب التي تمّ استخدامها من قبل المدرب في توصيل المحتوى التدريبي أو المهارة للمتدربين، ويجب على المدرب أن يراعي الفروق الفردية بين المتدربين وذلك عند اختياره قناة الاتصال/ أساليب التدريب/ والمعينات التدريبية في توصيل المحتوى التدريبي أو المهارة المحددة.

5- المتلقين (المتدربين): هم الأفراد الذين يتلقون المحتوى التدريبي أو المهارة أو الاتجاه المحدد والذين يُتوقع منهم استيعاب ذلك وإظهار ما يدلّ على الفهم (التغذية الراجحة) ثمّ تطبيق ما يتم التدريب عليه.

6- التغذية الراجحة: وهي ما يصدر عن المتلقي (المتدرب) والذي يفيد بأنه تلقى المحتوى التدريبي واستوعبه تماماً.

7- الاستجابة: هي ما سيقوم المتدرب بأدائه من مهام/ مهارات/ أعمال/ اتجاهات نتيجة لما اكتسبه من خلال التدريب.

8- بيئة الاتصال (بيئة التدريب): وهي كل المؤثرات المحيطة بالمكان والأفراد المرتبطين بالتدريب من تجهيزات القاعة، الأجهزة والمعدات، حالة الجو، الخدمات، والتسهيلات المتوفرة... إلخ.

حيث إنَّ السمات الشخصية للمدرب الجيد:

- الإنصات الجيد.
- توصيل المعلومة بصورة واضحة.
- الاتصال الغير اللفظي الفعَّال.
- الاتصال اللفظي الفعَّال.
- المشاركة.
- وزن الأمور.
- الانفعَّال المتوازن.
- التمكن من المادة العلمية.
- البساطة في الأداء.
- المرونة.
- تقبل آراء الآخرين.
- الذوق الرفيع.
- الثقة في النفس.
- تقمص الأدوار بصورة جيدة.
- رحابة الصدر.
- الواقعية.
- الإبداع والابتكار.
- التلقائية.

3- تحديد الاحتياجات التدريبية:

يرى الدكتور أحمد ماهر: "التدريب ليس غاية في حد ذاته ولكنه وسيلة لرفع قدرات الأفراد وتعديل سلوكياتهم؛ بقصد رفع إنتاجية المنظمة، من أجل هذا كان هناك ضرورة للتدريب حيث إنه أيضًا وسيلة من وسائل علاج المشكلات المحتملة"، لهذا سوف نتناول في هذه الجزئية كيف تتعرف على حاجة المنظمة من التدريب، وذلك من خلال النقاط التالية:

أ - معنى الحاجة إلى التدريب.

ب- أساليب تحديد الحاجة إلى التدريب.

ج- تحديد هدف التدريب.

وفيما يلي نبذه عن كل نقطة:

أ- معنى الحاجة إلى التدريب:

يقول الدكتور أحمد ماهر: "تلجأ كثير من المنظمات إلى تصميم برامج للتدريب، وتخصيص موارد مالية عالية لها؛ وذلك بسبب اعتقاد هذه المنظمات بضرورة هذه البرامج، وتخطئ بعض المنظمات في هذا السعي، وذلك بسبب عدم استناد تصميم البرامج إلى حاجة فعلية للتدريب، لذلك فإن تحديد الحاجة إلى التدريب ينبغي أن يستند إلى تشخيص سليم لأسباب المشكلات التي تعاني منها المنظمة، ويعاني منها أداء الأفراد".

ويقول الدكتور حامد أحمد رمضان بدر: "إذا كانت قدرات الأفراد مقبولة ولكن هناك ضعف في إنتاجية المنظمة؛ فهذا يعني أن سبب ضعف الإنتاجية قد يرجع لأسباب أخرى غير قدرات الأفراد، وتظن بعض المنظمات أن التدريب هو العلاج السحري لجميع مشاكل المنظمة؛ إلا أنه يجب أن يكون التدريب مبررًا وهو ضعف قدرات الأفراد".

ويحلل الدكتور زكي محمود هاشم الاحتياجات التدريبية بأنها: "هي تلك الاحتياجات التي تسعى عملية التدريب إلى توفيرها، وتختلف الاحتياجات التدريبية تبعًا لاختلاف المستويات الوظيفية المراد تدريبها، حيث تختلف طبيعة العمل ومسؤولياته ومشكلاته ومتطلباته من مستوى وظيفي إلى مستوى وظيفي آخر، ففي مستويات التنفيذ تزداد الحاجة إلى المهارة والدقة في الأداء، بينما في المستويات الإشرافية تبرز مهارات التعامل مع الآخرين وتوجيههم، أما في مستوى الإدارة العليا فتبرز الحاجة إلى مهارات التخطيط ورسم السياسات وإتخاذ القرارات طويلة الأجل".

فيجب أن تكون هناك حاجة ملحة لتدريب الأفراد في المنظمة، فليست كل مشكلة في المنظمة نابعة عن قلة التدريب، إنما التدريب ما هو إلا وسيلة مساعدة للأفراد؛ حتى يفهموا كيفية عملهم على الوجه الصحيح، مما يضاعف الإنتاج على مستوى الأفراد.

ب- أساليب تحديد الحاجة إلى التدريب:

يمكن تحديد الحاجة إلى التدريب وذلك إذا كان هناك قصور في المعلومات أو في المهارات، وذلك عن طريق أسلوبين هما:

أولا: تحديد الحاجة للتدريب على مستوى الفرد:

يؤدي القصور في معلومات الفرد إلى تحديد حاجة هذا الفرد للتدريب، ويرجع هذا القصور إلى واحد أو أكثر من الأسباب التالية:

جدول (2-1): أسباب الحاجة للتدريب على مستوى الفرد

السبب	التأثير
الترقية	تؤدي الترقية إلى وجود فجوة بين القدرات الحالية للفرد وبين متطلبات الوظيفة الجديدة.
النقل	يؤدي إلى نفس الفجوة الموجودة في النقطة السابقة.
تقييم الأداء	يؤدي هذا إلى اكتشاف وجود فرق بين الأداء الفعلي، وبين الأداء المطلوب وفقًا لمعايير التقييم.
برامج تخطيط المستقبل الوظيفي	عندما يتم التعرف بواسطة هذه البرامج على الوظائف المحتملة في المستقبل الوظيفي للفرد يمكن التعرف على ما إذا كان هناك قصور في المعلومات أم لا.
الإدارة والأهداف	يؤدي استخدام هذا الأسلوب الإداري إلى التعرف على قصور في المعلومات بين النتائج الفعلية وبين النتائج المستهدفة.
الرقابة على الجودة	إذا أشارت تقارير الرقابة على الجودة أن السبب في الأخطاء وانخفاض الجودة يرجع إلى الأفراد لا يعلمون أسلوب العمل وجب تدريبهم.
الشكاوى	إذا كانت أسباب الشكوى من أفراد معينين ترجع إلى نقص في معرفتهم بالعمل وجب تدريبهم.
القيام بمهام خاصة	إذا كانت نية الإدارة هي إسناد مهام خاصة لأحد الأفراد، في حين أن قدراته الحالية لا ترقى لمتطلبات هذه المهمة وجب تدريبه.
التناوب الوظيفي	إذا كان هناك تناوب بين مجموعتين من الأفراد على أكثر من عمل وظيفي وجب تدريبهم على هذه الأعمال.

هذه بعض الأمور التي تحدد احتياجات الفرد للتدريب، فهذه الأسباب تعتبر على مستوى الفرد.

ثانيا: تحديد الحاجة للتدريب على مستوى المنظمة:

يقوم أخصائيو التدريب على مستوى المشروع باستخدام قوائم الأسئلة أو المقابلات الشخصية مع المديرين في الأقسام المختلفة لتحديد الحاجة للتدريب، وتدور الأسئلة المطروحة في كل من القوائم أو المقابلات حول تأثير إنشاء وحدات إنتاج جديدة، إضافة منتجات جديدة، استخدام آلات ومعدات جديدة، الآخذ بمعايير ومواصفات إنتاج جديدة، الآخذ بسياسات تسويق أو تسعير أو إعلان جديدة على الأداء الواجب أو المطلوب في المستقبل، وما إذا كان هذا الأداء يختلف عن الأداء الفعلي، وتؤدي مثل هذه الأسئلة إلى التعرف على الحاجة للتدريب وأيضًا إلى التعرف على محتوى برنامج التدريب.

ج- تحديد هدف التدريب:

بعدما حددنا الحاجة إلى التدريب فالآن علينا أن نتعرف ما هو الهدف من التدريب، حيث يقول الدكتور زكي محمود هاشم: "إنَّ تحديد أهداف البرنامج التدريبي هو الخطوة الأولى في مجال وضع وتصميم البرنامج التدريبي، ويرتبط تحديد أهداف البرنامج التدريبي بتخطيط الاحتياجات التدريبية الذي يحدد الخصائص والقدرات والمهارات المراد إكسابها للمتدربين ونوعية البرامج التدريبية المطلوب توفيرها ومحتوياتها:

ومن هذا المنطلق يمكن أن نتصور عديدًا من الأهداف للبرامج التدريبية المختلفة، مثال ذلك الأهداف التالية:

- تنمية معلومات المتدرب بإحاطته بالجديد في العلوم والمعارف المرتبطة بموضوعات ومجالات معينة لتحسين أدائه.

- إكساب المتدرب مهارات جديدة في مجال تخصصه لتنمية قدراته العلمية أو التطبيقية بما يحقق كفاءة وفعَّالية الأداء.

- تطوير سلوكيات المتدرب واتجاهات وإكسابه قيمًا واتجاهات جديدة نحو مسائل أو مواقف معينة.
- إمداد المتدرب بمعلومات ومهارات جديدة لمساعدته على أداء عمله الحالي بكفاءة أكبر.
- إمداد المتدرب بمهارات معينة لتوفير القدرة على أداء أعمال مستقبلية".

ويقول الدكتور أحمد ماهر: "كما يمكن التفريق في أهداف التدريب، وذلك حسب المدة التي يغطيها التدريب كالآتي:

1- أهداف قصيرة الأجل: وفي الغالب تغطي احتياجات تدريبية عاجلة وسريعة، تعبر عن رغبة المنظمة في علاج مشاكل طارئة، أو لمواجهة احتياجات سريعة لبعض الأفراد، أو لبعض الإدارات.

2- أهداف طويلة الأجل: وهي في الغالب تغطي احتياجات تنمية وتطوير متأنية، وتعبر عن رغبة المنظمة في النمو والتطوير والنضج الطبيعي للأفراد أو الإدارات".

4- قياس وتحليل تكاليف التدريب:

نظرا للأهمية القصوى للوصول إلى تحليل وقياس لتكاليف وعائد الاستثمارات في التدريب، ولتعذر الوصول إلى معادلة تتفق عليها كافة المدارس المنهجية في هذا الصدد فلابد في البداية من مراعاة ما يلي:

- الاهتمام بقياس وتحليل تكاليف التدريب.. حيث إنَّ ذلك أحد الأسس التي تمكن من تقدير العائد منه
- مشاركة المتخصصين في مجال التدريب مع العاملين في الشئون المالية والحسابات لقياس وتحليل تكاليف التدريب

- في سبيل قيـاس وتحليـل تكـاليف التـدريب يـستلزم الأمـر إقامـة نظـام دقيـق لتكـاليف التدريب يوفر البيانات والمعلومات الدقيقة والتفصيلية عن تكاليف الأنشطة التدريبية

نظام تكاليف التدريب:

1- لا يوجد نظام نمطي لتكاليف التـدريب يـصلح اسـتخدامه لكافـة إدارات التـدريب بـل يختلف النظام المتبع من إدارة تدريب لأخرى.

2- بوجه عام يراعى في النظام الجيد لتكاليف التدريب ما يلي:

- قدرة المصادر التي يعتمد عليها النظام على تقديم البيانات التي يمكن الاعتماد عليهـا لقياس تكاليف التدريب ومن أهم هذه المصادر ما يلي:

  - نظام التكاليف الأساسي بالجهة
  - تقارير الإدارة المالية أو الاتصالات معها
  - الإدارات ذات العلاقة
  - البيئة الخارجية

- استخدام طرق فعَّالة لجمع بيانات تكاليف التـدريب مـن مصادرها المختلفـة، مـن أهم هذه الطرق ما يلي:

  - سجلات وتقارير التدريب.
  - قواعد بيانات Database التدريب.
  - البحوث التدريبية.
  - تطبيقات نظم إدارة المعلومات التدريبية ومؤشراتها

- التصنيف الدقيق لبيانات تكاليف التدريب.. حيـث يجب التفرقـة بـين نـوعين مـن تكاليف التدريب:

تكاليف الدعم العام للعملية التدريبية:

وهى تشمل التكاليف العمومية التي تخدم النشاط التدريبي بوجه عام ولا تقتصر على برامج معينة دون غيرها، ومن أمثلة هذه التكاليف ما يلي:

- تكاليف المباني والتجهيزات التدريبية.

- تكاليف المعينات التدريبية والتي تستخدم بصفة مستمرة لتنفيذ البرامج التدريبية.

- تكاليف المواد الخاصة بالأنشطة التدريبية والتي لا يمكن تخصيصها لبرنامج معين.

- مرتبات ومصاريف فريق إدارة التدريب والذي يتواجد بصفة مستمرة لتنفيذ البرامج التدريبية.

- أجور الاستشارات التي تقدم لخدمة عمليات التدريب مثل تشخيص وحل المشكلات التدريبية.

- مكتبة المراجع وما يلحق بها من دوريات.

- البرمجيات الثقافية والمعلوماتية وشرائط الفيديو.

تكاليف الأنشطة التدريبية النوعية:

وهى التكاليف التي تخدم نشاطا تدريبياً نوعياً لفترة معينة، أي أن هذه التكاليف مرتبطة ببرامج وخطة التدريب التي تنفذ في فترة زمنية معينة..

وهذه يجب أن تقسم إلى أربعة أقسام هي:

1- تكاليف التخطيط: وهى تتضمن التكاليف الخاصة بأداء مهام التخطيط الذي تتطلبه الأنشطة التدريبية (مثل تحديد وتحليل الاحتياجات التدريبية).

2- تكاليف التصميم: وهى تتضمن التكاليف الخاصة بإدارة مهام التصميم (مثل تصميم البرامج والمناهج التدريبية).

3- تكاليف التنفيذ: وهى تتضمن التكاليف الخاصة بإدارة العملية التدريبية (مثل الإشراف على تنفيذ البرامج التدريبية).

4- تكاليف المتابعة والتقييم: وهى تتضمن التكاليف الخاصة بمتابعة وتقييم العملية التدريبية (مثل متابعة وتقييم المتدربين).

ويمكن وضع نظام فرعى لحسابات تكاليف التدريب وهذا النظام يقوم على ثلاثة أسس هي:

1- وجود قائمة يتم من خلالها حساب تكاليف التدريب بشكل محلل ومفصل.. وتتضمن هذه القائمة البنود التفصيلية لكل من التكاليف المباشرة للتدريب (تكاليف الأنشطة التدريبية النوعية) والتكاليف غير المباشرة (تكاليف الدعم العام للعملية التدريبية).

2- تحديد مراكز للتكلفة التدريبية، وذلك من خلال تقسيم إدارة التدريب إلى مجموعة من الأقسام كل منها يعتبر مركز تكلفة تدريبية (مثل مركز تكلفة تحديد الاحتياجات التدريبية، مركز تكلفة إدارة البرامج الداخلية)، ويجب أن يكون هناك شخص مسؤول عن التكاليف التي تخص قسمة أو إدارته حتى يسهل حساب ومراقبة تكاليف التدريب.

3- تحديد وحدات التكاليف التدريبية.. أي تحديد المعيار الذي ستحمل عليه التكاليف التدريبية، فقد تقوم هذه الوحدات بِعدْ المتدربين الذين اجتازوا التدريب وبالتالي يجب حساب تكلفة التدريب التي تخص المتدرب الواحد (أي تكلفة متدرب/ برنامج أو متدرب/ يوم تدريبي في برنامج معين... إلخ).

الإرشادات الخاصة بتقدير تكاليف التدريب:

تقوم على الآتي:

أ - إرشادات تقدير التكاليف الكلية للتدريب.

ب- إرشادات تقدير تكاليف الدعم العام.

ج- إرشادات تقدير تكاليف الأنشطة التدريبية النوعية.

ويمكن أن نلقى الضوء على كل جزئية كما يلي:

أ - إرشادات تقدير التكاليف الكلية للتدريب:

- عدم تقدير تكاليف التدريب الكلية استرشادا بما تقدره الجهات المشابهة لأن لكل جهة خصائص متميزة.
- ضرورة دراسة وتحليل الاحتياجات التدريبية الحقيقية بشكل دقيق لأنها الأساس الذي يبنى عليه تقدير التكاليف التدريبية.
- يجب مراجعة التكاليف الكلية للتدريب من حين لآخر.
- الاهتمام بتقدير نصيب كل وحدة تكاليف من التكاليف الكلية للتدريب لاستخدامها في التخطيط والرقابة للنشاط التدريبي.

ب- إرشادات تقدير تكاليف الدعم العام:

- يجب أن تخصص نسبة من التكاليف الكلية للتدريب للإنفاق منها على الدعم العام للعملية التدريبية، وهذه النسبة يجب أن تكون مرنة بحيث يمكن تغييرها وفق حاجة العملية التدريبية.
- يجب أن يتضمن تقدير تكاليف الدعم العام كل النفقات التي تستلزم مرحلة البحث لأغراض التدريب (مثل دراسة فنون التدريب الحديثة واكتشاف معينات تدريبية حديثة... الخ).
- يجب أن تتضمن تكاليف الدعم العام كل الإنفاق على الأنشطة التدريبية النوعية والتي لا يمكن تخصيصها لنشاط معين.
- يجب أن تتضمن تكاليف الدعم العام ميزانية فرعية لتطوير وتنمية فريق التدريب بالجهة خاصة المدربين التابعين لها.
- تخصيص نسبة من ميزانية الدعم العام لنفقات الصيانة الخاصة بالمباني التدريبية والمعينات التدريبية ووسائل الانتقال من اجل تهيئة الجو الملائم للتدريب.

- الاهتمام بتقدير نصيب كل وحدة تكاليف من تكاليف الدعم العام لاستخدامها في التخطيط والرقابة للنشاط التدريبي

ج- إرشادات تقدير تكاليف الأنشطة التدريبية النوعية:

- يجب أن تقدر تكاليف الأنشطة التدريبية النوعية بشكل تفصيلي ودقيق وان يراعى في ذلك متطلبات تصميم البرامج التدريبية.

- تقسيم الميزانية الخاصة بالأنشطة التدريبية النوعية على فترات زمنية قصيرة (مثال ربع سنوية) لقياس المردود (العائد) منها.. ويفضل أن يتم هذا التقسيم وفق الدورات (الفصول) التدريبية ويصحب كل دورة تقييم للإنفاق والعائد للاستفادة من ذلك في الدورات القادمة.

- مراجعة تكاليف الأنشطة التدريبية النوعية بشكل مستمر لتعدد بنودها وتغيرها باستمرار وفق ظروف كل برنامج.

- يجب أن يتم تقدير نصيب كل وحدة تكاليف من التكاليف الخاصة بالأنشطة التدريبية النوعية لاستخدامها في التخطيط والرقابة للنشاط التدريبي.

5- قياس العائد من التدريب:

يرى د. أحمد الكردى أن هناك العديد من الطرق العلمية المستخدمة في قياس العائد من التدريب وذلك من خلال مختصين في هذا المجال وقد طبقت وكانت النتائج فعَّالة، حيث إنَّ للتدريب الكثير من الفوائد والتي يجب على أصحاب الأعمال معرفتها وتأثيرها على موظفيه وعلى العائد الإجمالي لعمله:

حيث ابتكر "دونا لد كير كبا تريك" الأستاذ بجامعة ويسكنسون منهج قياس العائد على التدريب عام 1959، ومازال هذا المنهج هو الوحيد الصالح إلى الآن واقتصرت الاجتهادات بعد ذلك على الإضافة إليه دون استبداله.

أنواع القياسات:

يقوم منهج "كير كبا تريك" على قياس العائد على التدريب على أربعة مستويات، داخل محورين، هما:

1- محور العائد قصير الأجل:

- الاستجابة (التقويم عند مستوى رد فعل المتدرب)، وفي هذا المستوى يتم قياس درجة استجابة المشاركين لموضوع التدريب وأسلوبه، ويتم ذلك باستخدام استقصاءات توزع عليهم.

- المهارات المكتسبة (التقويم عند مستوى التَعلُم)، ويقيس هذا المستوى ما تعلمه المشاركون من البرنامج التدريبي، ويتم القياس من خلال اختبارات تعقد للمشاركين في نهاية البرنامج التدريبي.

2- محور العائد طويل الأجل:

- التأثير على الأداء (التقويم عند مستوى الأداء): وفي هذا المستوى يتم قياس تأثير التدريب على الأداء الفعلي للمشاركين في مواقع عملهم، ويتم القياس بالمقارنة بين نتائج الأداء بعد التدريب والأداء قبل التدريب.

- النتيجة (التقويم عند مستوى المؤسسة) وهذا هو أعقد مستويات قياس العائد على التدريب، ويتم فيه قياس نوعين من العائد؛ عائد قابل للقياس (Tangible) ويشمل قياس تأثير التدريب على مؤشرات ملموسة مثل الإيرادات والأرباح وتقليل الأخطاء ونسبة المرتجعات، وأخرى عائد معنوي غير قابل للقياس ومن أهم هذه المؤشرات القابلة للقياس ما يلي:

العائد على الاستثمار في التدريب:

ويطلق عليه Return on Training Investment (ROTI) ويحسب كما يلي:

$$\text{العائد على استثمار التدريب} = \frac{\text{العائد من التدريب} - \text{تكلفة التدريب}}{\text{تكلفة التدريب}}$$

وتضم سيناريوهات هذه المعادلة الاحتمالات التالية:

- تكون نتيجة المعادلة أقل من الصفر (1- مثلاً) عندما تزداد تكلفة التدريب عن العائد من التدريب.

- تكون نتيجة المعادلة تعادل الصفر عندما تتعادل تكلفة التدريب مع العائد مــن التدريب.

- تكون نتيجة المعادلة أكبر من الصفر (1+ مثلاً) عندما يزداد العائد من التدريب عن تكلفة التدريب.

القيمة المضافة للتدريب:

وفيه تقاس القيمة المضافة للتدريب بالطريقة التالية:

القيمة المضافة للتدريب = (القيمة الحالية للمحصلة الإجمالية لتأثير التدريب على مدى الأعوام القادمة) - تكلفة التدريب.

حساب التكلفة / العائد للتدريب:

وفيه تقاس إنتاجية العامل الناتجة عن التدريب كما يلي:

التكلفة / العائد للتدريب = (الزيادة في إنتاجية العاملين × عدد سنوات بقاء تأثير التدريب عليهم) - (تكلفة التدريب × عدد سنوات التدريب)

ونرى أن المؤشرات المستخدمة لحساب القياسات السابقة من عناصر تخضع لاعتبارات شخصية وأخرى موضوعية؛ وهذه المؤشرات هي:

- الإنتاجية (أرقام المخرجات أو المبيعات).

- التكلفة (تكلفة الوحدة المنتجة أو تكلفة الخدمة).
- الوقت (حساب وقت التشغيل أو انخفاض وقت تعطل الآلات..الخ).
- الجودة (الأخطاء أو المرتجعات.. الخ).
- السلوك في بيئة العمل (ازدياد نسب التغيب أو العنف..الخ).
- مناخ العمل (دوران العمالة أو الصراعات..الخ).
- المناخ النفسي في بيئة العمل (الولاء..الخ).
- المهارات المكتسبة.
- الترقي الوظيفي.
- الابتكار والمبادرة الفردية في العمل.
- تقليل النفقات.

6- التدريب الإلكتروني:

مع إطلالة القرن الجديد، مع تقادم المعارف والمهارات والأساليب اللازمة للوفاء بمختلف متطلبات العملية التدريبية والتواصل المتلاحق في شبكات الكمبيوتر والانترنت والمعلومات، والابتكارات في مجالات التعليم، نشأت فكرة التدريب عن بُعد والتي تتسم بـ مراعاة الاختلاف في مستويات سرعة وطرق التعليم، وتنوع بدائل الاختبار أمام المتدرب، ودعم وتعزيز دوافع التعليم المستمر، والتغلب على مشكلات الوقت والمكان، والمرونة والمساواة في الحصول على فرص التدريب والتنمية، وسهولة وسرعة الوصول إلى المواد والمعلومات من خلال intranet أو من خلال internet الأكثر قوة وتوفير تكاليف الكتب والمطبوعات الأوراق، واستخدام الموارد المالية في تحديث الأجهزة Hard ware والبرامج soft ware، وإمكانية التعديل والتحديث الفوري للمواد التدريبية وإرجاع الأثر الفوري للمتدربين وإجراء الاختبارات عبر الشبكات وتقيم النتائج تلقائياً بصورة إلكترونية، لهذا سوف نستعرض النقاط التالية:

أ‌-   مزايا التدريب (الإلكتروني) باستخدام الشبكات.

ب‌-   معوقات فاعلية التدريب (الإلكتروني) باستخدام الشبكات.

ج‌-   مقومات التدريب (الإلكتروني) عبر الشبكات.

د‌-   متى تحتاج التدريب (الإلكتروني) باستخدام الشبكات.

هـ‌-   أنماط التدريب (الإلكتروني) عبر الشبكات.

وسوف نلقى الضوء على كل نقطة كما يلي:

أ‌-   مزايا التدريب (الإلكتروني) باستخدام الشبكات:

- **أولاً: المزايا المتاحة للمتدرب:** سهولة الدخول إلى الشبكة، واستخدام أجهزة الحاسب الشخصية، وسرعة الوصول إلى البرامج على الشبكة، وسرعة الوصول إلى المعلومات الحديثة، والتعامل المباشر مع الرسوم والأدلة والمراجع وقواعد البيانات.

- **ثانياً: المزايا المتاحة للمؤسسة:** تقليل مصروفات سفر وانتقال المتدربين وانخفاض تكلفة المواد المطبوعة اللازمة للبرامج التقليدية وإمكانية التغيير للمواد لتدعيم أهداف التدريب وإجراء التعديلات في أي وقت وتوصيلها إلى جميع المتدربين

ب‌- معوقات فعَّالية التدريب (الإلكتروني) باستخدام الشبكات

- البداية الفنية الأساسية للتدريب باستخدام الشبكات ووجوب فهم طبيعة ومتطلبات الجوانب الفنية لنظم الحاسب والشبكات وإمكانياتها والبرامج التنفيذية المستخدمة وقدرة فريق العمل على تيسير العملية التدريبية وحل المشكلات الفنية.

- الحاجة إلى فهم واستيعاب الطرق الجديدة للتعلم مثل استخدام المتصفح والتحرك على الشبكة داخل البرامج اللاخطية والتفاعل مع المشاركين في قاعات التحاور والمناقشات المتواصلة.

- الحاجة إلى فريق عمل متعدد المهارات يضم مصمم الرسوم، ومدير شبكة العمل، ومسؤول عن تثبيت الوحدات الخادمة، ومسؤول عن دعم المستخدم النهائي، والمبرمج وما يتطلب من القدرة على التنسيق بين إجراءات العمل لتحقيق الأهداف.
- الاعتماد على الموارد الخارجية في تقديم البرامج التدريبية بوضعها في مواقع مؤسسات أخرى على الشبكة مما لا يتضمن استخدامه تواجد هذا الموقع مفتوحا أمام المتدربين أو تعطيل الشبكة عن العمل وإعطاء مجهول أحد الخصائص التي يعتمد عليها المتدرب. مما يضيع فرص الاستعادة من جهود فريق العمل في برامج التدريب المتطورة.

ج- مقومات التدريب (الإلكتروني) عبر الشبكات:

ليس المقصود بالتدريب عبر الشبكات نقل البرنامج التدريبي التقليدي كما هو تضعه على الشبكة أو تحويل التدريب إلى تدريب ذاتي يعتمد فقط على وجود المتدرب، وإنما يرتكز التدريب عبر الشبكات على المحتويات المعدة خصيصاً فيما يتوافق مع متطلبات عرضها على الشبكة، حيث نستعين بالتكنولوجيا المتطورة للشبكة وإمكانياتها الهائلة في تدعيم علمية التعليم وزيادة إنتاجية المتدربين وتلبية احتياجاتهم التدريبية من خلال الربط بين خبراتهم والمستحدثات لتحقيق أقصي استفادة ممكنة في البرامج المقدمة

ومن أهم مقومات التدريب عبر الشبكات كفاية مستلزمات التصميم والتنفيذ لتوفير فرص الممارسة والتطبيق العملي ومحاكاة الواقع بدرجة عالية الجودة بالإضافة إلى شبكة قوية يمكنها احتواء الكم الهائل من الاتصالات والتفاعلات مما يحقق ميزة تنافسية تستحق الجهد والنفقات اللازمة.

وكذا إعادة تصميم المواد التدريبية قبل الاستخدام من خلال الشبكات بإعادة تصميم التعليمات والرسوم والتشكيل والطباعة بالإضافة إلى عدم التردد في استخدام أدوات متنوعة في تصميم بتجنب التركيز على أداة واحدة في تصميم كافة

البرامج والتركيـز عـلى إمكانياتهـا ووظـائف الأدوات التـي تـستعين بهـا في عمليـات التـصميم والتطوير والتقديم على الشبكة وكذا العديد من البرامج التطبيقية لكتابة التعليمات في المـواد التدريبية ولقطات " الفيديو الحية والرسوم المتحركة "لتحقيق جـودة الـبرامج التدريبيـة مـن خلال توافر معـايير التفاعليـة وسـهولة التعامـل مـع واجهاتهـا الرسـمية، والجلـسات منظمـة ومهيكلة التي تعتمد على الاستخدام الفعَّال للوسائط المتعددة وتركز على التفاصيل التعليمية وتهتم بكافة الجوانب البيئية والإطار العـام الواضـح، والمحـدد وسـهولة الانتقـال والتحـرك بـين موضوعات البرنامج، واحتوائها على العديد من القوائم الغير متداخلة.

د- متى نحتاج التدريب (الإلكتروني) باستخدام الشبكات؟:

تعتبر أساليب التدريب باستخدام الشبكات علاجا" ناجحا" لمشكلات الأداة في حالة افتقار المتدربين إلى المهارات والمعارف اللازمة لتحقيق مستويات الأداء المرغوبة، فوجود فجوة بين المعارف والمهارات المعرفية والنفس حركية والاتجاهات تستوجب التدريب عبر الشبكات، ولاستخدام النصوص والرسوم والرموز والقراءة وتسجيل الإجابات وحل التدريبات واستيفاء النماذج والجداول وما تستلزمه من توافر أدوات وأجهزة وبرامج متخصصة وتطبيقات، بالإضافة إلى توافر مهارات استخدام الكمبيوتر لدى كل متدرب، وإتقان مهارات استخدام المتصفح والاتصال بالشبكة والوصول إلى البرامج، وتحديد مستويات إتقان المهارات والتأكد من إن البرنامج المعروض يتوافق معها، بالإضافة إلى القدرة على تصميم وتقديم مثل هذا النوع من التدريس من خلال توفير العدد الكافي من الأجهزة والبرامج اللازمة للتصميم والتطوير والتقديم، والفريق المتخصص لأعداد هذا النوع من التدريس، وتوفير المستلزمات الفنية اللازمة للاتصال والربط بشبكات الكمبيوتر والانترنت، وتوافر فريق الدعم الفني للمساعدة في حل المشكلات الطارئة. التي قد تحدث في الشبكة أو الأجهزة أو أثناء تثبيت المتصفحات.

هـ - أنماط التدريب (الإلكتروني) عبر الشبكات:

تتنوع أنماط التدريب غير الشبكات، إلا أنه من الضروري تحديد مجال "المهارة" معرفي / نفس حركي أم متعلق بالاتجاهات، ومستوى المهارة والهدف منها والمشكلات التي تفيد في علاجها وهناك الأنماط التالية:

- التدريب عن طريق الكمبيوتر من خلال الشبكة: فيه يشارك المتدرب في برامج المتدرب الذاتي التي تعتمد على الوسائط المتعددة حيث تكون التفاعلات في صورة قرارات متعددة المسارات يتحكم فيها المتدرب أو البرنامج ويستخدم هذه البرامج لتحقيق أهداف التَعلُم المرتبطة بنقل المعرفة ودعم الفهم والاستيعاب والممارسة العلمية للمهارات وبالتالي لابد من اجتياز المتدرب لاختبار الجلسات التدريبية للوصول إلى مرحلة الإتقان للمهارات.

- النظم الإلكترونية لدعم الأداء عن طريق الشبكة: تعمل الشبكة على إتاحة الفرصة لاستخدام التكنولوجيا المتقدمة في دعم الأداء من خلال التوجيهات والإرشادات المتوفرة من خلال شبكة الانترنت حيث يكمن الوصول إليها واختبار ما يحتاجونه منها في نفس تنفيذها، والربط بين المتدربين والخبراء وإجراء المناقشات المتواصلة في الوقت والمكان الذي يحتاجونه من خلال وحدة خادمة مركزية يتم فيها تحديث المعلومات وتوفيرها لهم وكذلك المنتديات الإلكترونية وملفات تدوين الملاحظات مما يجعلها مصدراً ثريا للمعلومات بمرور الوقت ووسيلة متتالية لحل المشكلات.

ويمكن أن تقسم كالتالي:

- **التدريب غير المتزامن عن طريق الشبكة:** يجمع التدريب غير المتزامن بين المتدربين والمدرب معاً التدريب وتنمية المهارات والمعارف الجديدة من خلال الدخول على الشبكة في أوقات مختلفة لانجاز المهام التي يكلفون بها وللقراءة

والعمل في المشروعات وتبادل الخبرات، ويتميز هذا النوع مـن التدريـب باعتمـاده عـلى أدوات اتصال متنوعة التي تسمح بالتعلم المبـاشر والـتعلم الجماعـي عـلى العكـس مـن الطريقتين السابقتين فالمشكلات والموضوعات مهيكلة إلى حد ما ويتطلب أكثر من جلسة تدريبيـة واحـدة، وكـذلك تمـزج بـين العديـد مـن إمكانيـات التكنولوجيـا المتنوعـة مثـل النصوص الفائقة والاختيارات القصيرة وملفات تدرين الملاحظات والبريد الإلكتروني.

- **التدريب المتزامن عن طريق الشبكة:** أكثر الأسـاليب التدريبيـة المتطـورة، وفيـه يتواجـد المتدرب والمدرب على الشبكة في الوقت نفسه بالإضافة إلى توافر أدوات مثل السـبورات البيضاء/ التطبيقات المشتركة/ المؤتمرات المرتبـة / المـؤتمرات المسـموعة / قاعـات الحـوار المباشر، ومِنْ ثَمَّ يشارك المتدرب فعلياً في الجلسة التدريبية.

مراجع الفصل الثاني

الكتب العلمية:

أحمد سيد مصطفى، إدارة الموارد البشرية: الإدارة العصرية لرأس المال الفكري، غير مُبيَّن دار النشر، 2004.

أحمد ماهر، إدارة الموارد البشرية، الدار الجامعية، الإسكندرية، مصر، 2004.

حامد أحمد رمضان إبراهيم، إدارة الأفراد، دار النهضة العربية، 1994.

خبراء المجموعة العربية للتدريب والنشر، إشراف علمي: محمود عبد الفتاح رضوان، تحديد السياسات التدريبية وتخطيط التدريب، المجموعة العربية للنشر والتوزيع، 2012.

ذكى محمود هاشم، إدارة الموارد البشرية، الناشر: المؤلف، 2001.

عبد الرحمن توفيق، التدريب عن بُعد باستخدام الكمبيوتر والانترنت، جـ5، ط2، القاهرة، مركز الخبرات المهنئة للإدارة، 2002.

عبد الفتاح دياب، إدارة الموارد البشرية، القاهرة، عالم الكتب، 2007.

المواقع الإلكترونية:

http://ahmedkordy.blogspot.com/2011/10/blog-post_7708.html

الفصل الثالث

علاقة التدريب بمنظومة الموارد البشرية

بقراءتك لهذا الفصل ستكون قادراً على معرفة:

1- النظرة المتكاملة لإدارة الموارد البشرية.
2- علاقة تخطيط الموارد البشرية بالتدريب .
3- علاقة تخطيط المسار الوظيفي بالتدريب.
4- علاقة تحليل الوظائف بالتدريب.
5- علاقة الأجور ونظم الحوافز بالتدريب.
6- علاقة تقييم الأداء بالتدريب.

الفصل الثالث

علاقة التدريب بمنظومة الموارد البشرية

تقديم:

تمثل الموارد البشرية في المنظمات مورداً من أهم الموارد وأصلاً من أهم الأصول التي تمتلكها المؤسسة، فلا يمكن تحقيق أهداف المؤسسة بدون هذه الموارد، فالمؤسسة بدون أفراد ما هي إلا مجموعة من الأصول الثابتة والتي لا تستطيع لوحدها أن تنتج إلا مع مساندة القوى العاملة. وبصفة عامة اتفق معظم الباحثين على وجود الوظائف التالية: تخطيط الموارد البشرية، وتحليل وتصميم الوظائف، وتنمية المسار الوظيفي، تقييم الوظائف وتحديد الأجور والحوافز، والتدريب والتنمية، وتقييم الأداء.

ونحن نرى أن للتدريب نصيب الأسد في تلك المنظومة لهذا سنستعرض في هذا الفصل النقاط التالية:

1- النظرة المتكاملة لإدارة الموارد البشرية.

2- علاقة تخطيط الموارد البشرية بالتدريب.

3- علاقة تخطيط المسار الوظيفي بالتدريب.

4- علاقة تحليل الوظائف بالتدريب.

5- علاقة الأجور ونظم الحوافز بالتدريب.

6- علاقة الاستقطاب والاختيار والتعيين بالتدريب

7- علاقة تقييم الأداء بالتدريب.

1- النظرة المتكاملة لإدارة الموارد البشرية:

يمكن تعريف إدارة الموارد البشرية وفقاً للمداخل المعاصرة بأنها: "جميع الأنشطة الإدارية المرتبطة بتحديد احتياجات المنظمة من الموارد البشرية وتنمية قدراتها ورفع كفاءتها ومنحها التعويض والتحفيز والرعاية الكاملة بهدف الاستفادة القصوى من جهدها وفكرها من أجل تحقيق أهداف المنظمة".

ومن خلال التعريف السابق يمكننا الوقوف على العناصر التالية:

أ - ممارسة الأنشطة الإدارية، والتي تتمثل في القيام بالأنشطة والعمليات التالية:

- تخطيط الموارد البشرية.
- تنظيم الموارد البشرية.
- توجيه الموارد البشرية.
- الرقابة وتقييم أداء الموارد البشرية.

ب- الالتزام بأداء مختلف الأنشطة الوظائف المتعلقة بالموارد البشرية، والتي يتمثل أهمها في:

- تخطيط الموارد البشرية.
- تحليل وتصميم الوظائف.
- تنمية المسار الوظيفي.
- تقييم الوظائف وتحديد الأجور والحوافز.
- التدريب والتنمية.
- تقييم الأداء.
- الرعاية الاجتماعية.

ج-   العمل على تحقيق الأهداف التنظيمية والأهداف الفردية التي يسعى إليها كل طرف ،
والتي تتمثل في القيام بالأنشطة والعمليات التالية:

جدول (3-1): الأهداف التنظيمية والفردية لإدارة الموارد البشرية

أهداف الأفراد	الأهداف التنظيمية
فرص عمل عادلة	الكفاءة والفعَّالية
ظروف عمل مناسبة	النمو والتكيف والاستقرار
أجور وحوافز مرضية	البقاء والريادة
مسار وظيفي مناسب	تطوير وتنمية المهارات
استقرار ورعاية كاملة	تحقيق الانتماء والولاء

المصدر: محمود عبد الفتاح رضوان، استراتيجيات إدارة الموارد البشرية، المجموعة العربية
للنشر والتوزيع، 2012، ص 54.

د-   مراعاة الظروف البيئية المحيطة.

وحتى تتمكن إدارة الموارد البشرية من ممارسة أنشطتها بكفاءة وفعَّالية، وأن تحظى
بقدر من التميز ينعكس على جميع أنشطة الإدارات الأخرى بالمنظمة، يصبح من الضروري
إعداد إطار شامل يحتوي على كافة أنشطة الموارد البشرية تمهيداً لتقييم تلك الأنشطة
وتحليلها للوقوف على نقاط القوة والضعف في كل منها، بحيث يتم ذلك بصورة تفصيلية،
ويمكننا الاسترشاد بالعوامل والمتغيرات والأبعاد الواردة في الدليل المتكامل لتحليل أنشطة
إدارة الموارد البشرية.

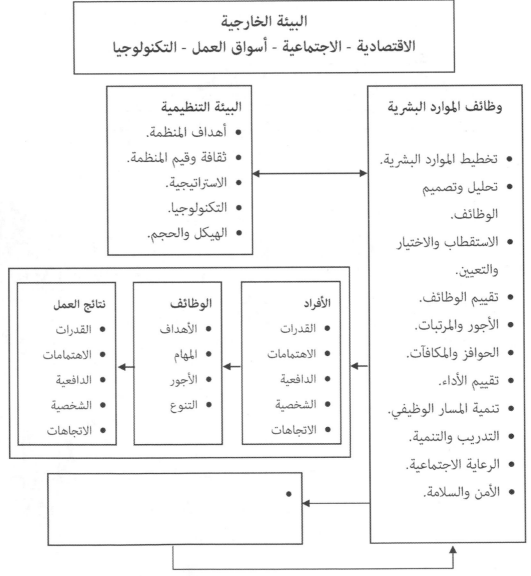

البيئة الخارجية
الاقتصادية - الاجتماعية - أسواق العمل - التكنولوجيا

البيئة التنظيمية
• أهداف المنظمة.
• ثقافة وقيم المنظمة.
• الاستراتيجية.
• التكنولوجيا.
• الهيكل والحجم.

وظائف الموارد البشرية
• تخطيط الموارد البشرية.
• تحليل وتصميم الوظائف.
• الاستقطاب والاختيار والتعيين.
• تقييم الوظائف.
• الأجور والمرتبات.
• الحوافز والمكافآت.
• تقييم الأداء.
• تنمية المسار الوظيفي.
• التدريب والتنمية.
• الرعاية الاجتماعية.
• الأمن والسلامة.

نتائج العمل	الوظائف	الأفراد
القدرات	الأهداف	القدرات
الاهتمامات	المهام	الاهتمامات
الدافعية	الأجور	الدافعية
الشخصية	التنوع	الشخصية
الاتجاهات		الاتجاهات

المصدر: خبراء مركز الخبرات المهنية، إشراف علمي د. عبد الرحمن توفيق، الإدارة الإستراتيجية للموارد البشرية، مركز الخبرات المهنية، 2009، ص 34.

شكل (3-1): نموذج إدارة الموارد البشرية

حيث إنَّ الخرافات التي أعاقت عمل الموارد البشرية في الماضي كانت كما يلي:

جدول (3-2): يوضح الفرق بين الواقع الجديد والقديم للموارد البشرية

الخرافات القديمة	الواقع الجديد
يلجأ الأفراد إلى الموارد البشرية لأنها تفضل التعامل مع البشر	إدارات الموارد البشرية ليست مصممة لتقديم العلاج النفسي واقتراح سبل الحياة السعيدة، فالموارد البشرية يجب أن تقوم بالأعمال التي تعزز القدرات التنافسية للعاملين.
يستطيع أي فرد القيام بعمل الموارد البشرية	تعتمد أنشطة الموارد البشرية على النظريات والدراسات العملية وبالتالي يجب أن يتقن العاملون فيها الجانبين النظري والعملي التطبيقي.
تتعامل الموارد البشرية مع الجانب السهل من أعمال المنشأة وبالتالي لا يمكن الاعتماد عليها.	من الضروري قياس تأثير ممارسات الموارد البشرية على نتائج الأعمال، لذلك يجب أن يتقن العاملون في الموارد البشرية كيفية تحويل أعمالهم إلى أداء مالي يمكن قياسه.
تركز الموارد البشرية على التكلفة وبالتالي يجب مراقبتها.	يجب أن تؤدي الممارسات إلى خلق قيمة من خلال زيادة رأس المال الفكري داخل المنشأة، وبالتالي فمهمة الموارد البشرية هي خلق قيمة مضافة وليس تقليل التكلفة.
تقتصر وظيفة الموارد البشرية على مراقبة السياسات وراحة وصحة العاملين.	تقوم الموارد البشرية بالمساعدة على زيادة التزام العاملين ومساعدة المديرين على إدارة السياسات.
تسعى الموارد البشرية وراء البدع والموضة.	تطورت ممارسات الموارد البشرية عبر سنوات طويلة، لذلك يجب أن ينظر قادة الموارد البشرية إلى أعمالهم على أنها جزءاً لا يتجزأ من سلسلة التطور والنمو، وتفسير أعمالهم بدون مغالاة أو مبالغة.

الخرافات القديمة	الواقع الجديد
لا يعمل في الموارد البشرية إلا من يتعامل مع الآخرين بود وألفة.	في بعض الأحيان، يجب أن تفرض ممارسات الموارد البشرية نفسها، وتكون أكثر مواجهة وتحديا.
الموارد البشرية هي وظيفة الموارد البشرية.	يعتبر عمل الموارد البشرية هاماً بالنسبة للمديرين جميعاً، لذلك يجب أن تشارك معهم في مختلف قضايا الموارد البشرية.

المصدر: المرجع السابق: ص 27.

وتشتمل النظرة المتكاملة من وجهة نظرنا على الأبعاد التالية:

- المنظمة والتحديات البيئية.
- أهداف وسياسات إدارة الموارد البشرية.
- تنظيم إدارة الموارد البشرية
- تخطيط الموارد البشرية
- تحليل وتصميم الوظائف
- الاستقطاب والاختيار والتعيين.
- تقييم الوظائف وتحديد الأجور.
- التدريب والتنمية.
- تقييم الأداء.
- الحوافز والمزايا
- تنمية المسار الوظيفي.
- نظم معلومات الموارد البشرية.
- الإنتاجية
- السلامة والأمن الصناعي.

- النقابات

- علاقات العمل

2- علاقة تخطيط الموارد البشرية بالتدريب:

تخطيط الموارد البشرية يعني: "عملية التقدير والتنبؤ التي تقوم بها المنظمة لتحديد احتياجاتها من الكوادر البشرية المختلفة كماً ونوعاً في الوقت المناسب والمكان المناسب وذلك من أجل تحقيق الأهداف العامة للمنظمة والأهداف الخاصة للقطاعات العامة بها".

وفي ضوء ذلك يمكننا استخلاص النتائج التالية:

- أن تخطيط الموارد البشرية عملية تحليلية منظمة ومستمرة.

- تهتم عملية تخطيط الموارد البشرية بدراسة مختلف جوانب الطلب على العمالة.

- تعد دراسة وتحليل جوانب عرض العمالة داخلياً أو خارجياً من أهم الموضوعات التي ترتكز عليها تخطيط الموارد البشرية.

- تشمل عملية تخطيط الموارد البشرية الهيئة ككل، وتهتم بكافة قاعدتها وإداراتها وأقسامها كل على حده.

- عملية تخطيط الموارد البشرية تخص المستقبل ومن ثم فهي تحتاج لحسن التنبؤ والتوقع وبالاحتياجات المستقبلية من الموارد البشرية كماً وكيفاً.

- من الأبعاد الواجب مراعاتها عن إجراء عملية التخطيط للموارد البشرية ، الوقت المناسب لتوفير قوة العمل وفي المكان المناسب وبالتكلفة المناسبة.

- إن تخطيط الموارد البشرية يعد مكملاً لخطة المؤسسة ككل ، فيجب أن يكون له الدور الواضح في تحقيق أهداف المنظمة.

أهداف تخطيط الموارد البشرية:

يمكن حصر أهم أهداف تخطيط الموارد البشرية فيما يلي:

- التعرف على الوضع الحالي للموارد البشرية للمنظمة بشكل تفصيلي.

- تحديد مصادر استقطاب للموارد البشرية ودراستها.

- الوقوف على المشكلات التي تواجه عمليات تخطيط الموارد البشرية.

- تقديم المقترحات والحلول العلمية للمشكلات التي تواجه تخطيط الموارد البشرية.

- التنبؤ بأعداد ومستويات وهياكل الموارد البشرية اللازمة لمختلف الأنشطة خلال الفترة الزمنية المستقبلية.

- وضع السياسات والبرامج المتعلقة للاختيار والتعيين وتنمية الموارد البشرية.

- التعرف على المعروض من العمالة ودراسة وتحليل خصائصه الجغرافية والديموجرافية.

- العمل على صيانة الموارد البشرية والسعي لرفع كفاءتها الإنتاجية.

الاعتبارات الواجب مراعاتها لنجاح التخطيط للموارد البشرية:

- **تخطيط الموارد البشرية جزءٌ أساسيٌ من التخطيط الشامل للمؤسسة:** يعد تخطيط الموارد البشرية جزءاً أساسياً من التخطيط الشامل على مستوى الهيئة يرتبط به ارتباطاً وثيقاً، ومِنْ ثَمَّ فهو ليس مجرد جداول وأرقام وإنما تصور متكامل للنواحي الكمية والنوعية المطلوبة من الموارد البشرية في الفترة المستقبلية.

- **تخطيط الموارد البشرية الركيزة الأساسية لبناء وتنمية الموارد البشرية:** يعد تخطيط الموارد البشرية الركيزة الأساسية لبناء وتنمية الموارد البشرية، إذ تتوقف عليه معظم السياسات الأخرى كالاختيار والتعيين، والتدريب وتوصيف الوظائف، ونظم معلومات الموارد البشرية تتم على نهج من التأثير المتبادل فيما بينها وبين تخطيط الموارد البشرية.

- **تخطيط الموارد البشرية يعكس عوامل ومتغيرات البيئة الداخلية والخارجية** : لابد أن يأخذ تخطيط الموارد البشرية في الاعتبار كافة المتغيرات التي تحدث في البيئة الداخلية وكذلك العوامل الأخرى المتعلقة بالبيئة الخارجية وسوق العمل بكافة متغيراته.

- **التخطيط الإستراتيجي للموارد البشرية**: يتم التخطيط الإستراتيجي للموارد البشرية عن طريق الإدارة العليا، بالإضافة إلى خبراء الموارد البشرية عن طريق إدارات وأقسام الموارد البشرية، وذلك بعد قيامها بتجميع المعلومات من جميع إدارات الهيئة وأقسامها، ومِنْ ثَمَّ يرتبط ويشارك جميع مديري الإدارات الأخرى في عملية تخطيط الموارد البشرية.

- **تخطيط الموارد البشرية يتم على كافة المستويات**: لا يمكن أن يتم التخطيط للموارد البشرية على مستوى الهيئة بمعزل عن المستويات الأخرى، كالتخطيط على المستوى القومي والتخطيط على المستوى الإقليمي، والتخطيط على المستوى القطاعي، والتخطيط على مستوى الوحدات، فكل مستوى يحدد أبعاد التخطيط للمستويات التي تليه، هذا، وتهتم كل الهيئات بعملية التخطيط والتنبؤ للموارد البشرية على اختلاف أنواعها وأحجامها، ومع أن المنظمات الأكبر حجماً تكون أكثر حاجة من المنظمات الصغرى لعملية التخطيط إلا أن ذلك لا يمنع الأخيرة من دراسة احتياجاتها من الأفراد على قدر طاقتها.

- **التخطيط الدوري والمتتابع للموارد البشرية**: غالباً ما تضطلع الهيئة بالإعداد لعملية تخطيط الموارد البشرية مرة واحدة في العام بمراعاة التعديلات التي تتم خلال العام، تركز عملية التخطيط في المراحل الأولى للهيئات على احتياجات التوظيف الفعلية مع تقليل حجم العمالة، في حين تحتاج الهيئات الأكثر خبرة وممارسة في تخطيط الموارد البشرية إلى وضع الخطط للأجل المتوسط (سنتان أو ثلاثة) في حين تهتم الهيئات الكبيرة والرائدة بالتخطيط طويل المدى.

مراحل تخطيط الموارد البشرية:

وبعد المرحلة الأولى في عملية تخطيط الموارد البشرية هي جمع البيانات والمعلومات، فلا يمكن للهيئة التنبؤ أو فعل أي شيء من العمليات التخطيطية إلا بعد الحصول على البيانات المطلوبة، ويتطلب تخطيط الموارد البرية نوعين من البيانات والمعلومات، حيث يتم تجميع النوع الأول من البيئة الخارجية في حين يأتي النوع الثاني من داخل الهيئة.

ويعد حصول القائمين على العملية التخطيطية على المعلومات الخارجية الداخلية المطلوبة عن العمالة وما يتعلق بها، فإنه من الممكن أن تبدأ المرحلة الثانية والتي تهتم بالتنبؤ بالطلب المستقبلي على العمالة، وفي المرحلة الثالثة يتنبأ القائمون بعملية التخطيط بعرض العمالة سواء العرض الداخلي أو الخارجي. أما المرحلة الرابعة فتهتم بوضع خطط وبرامج الاحتياجات من القوى لضمان إحداث التوافق بين العرض والطلب المستقبلي، وفي المرحلة الأخيرة توجد عملية التغذية المرتدة بما يسمح بالتعلم والاستفادة من الجهود التخطيطية السابقة، وإذا ما كانت تنبؤات العرض أو الطلب ليست دقيقة كالمرغوب فيه فإنه من الممكن تحسينها في السنوات التالية، وبالمثل فالبرامج التي يثبت عدم مناسبتها يجب تعديلها مستقبلاً.

والشكل التالي يوضح مراحل تخطيط الموارد البشرية:

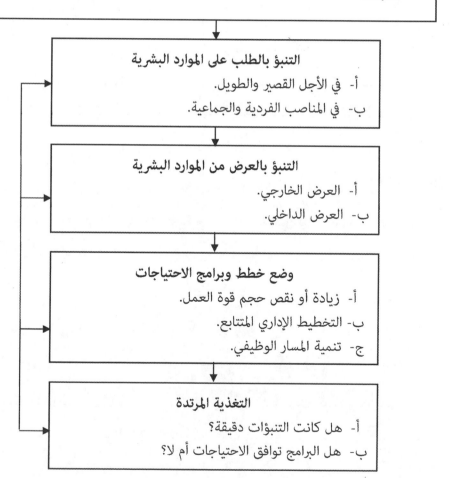

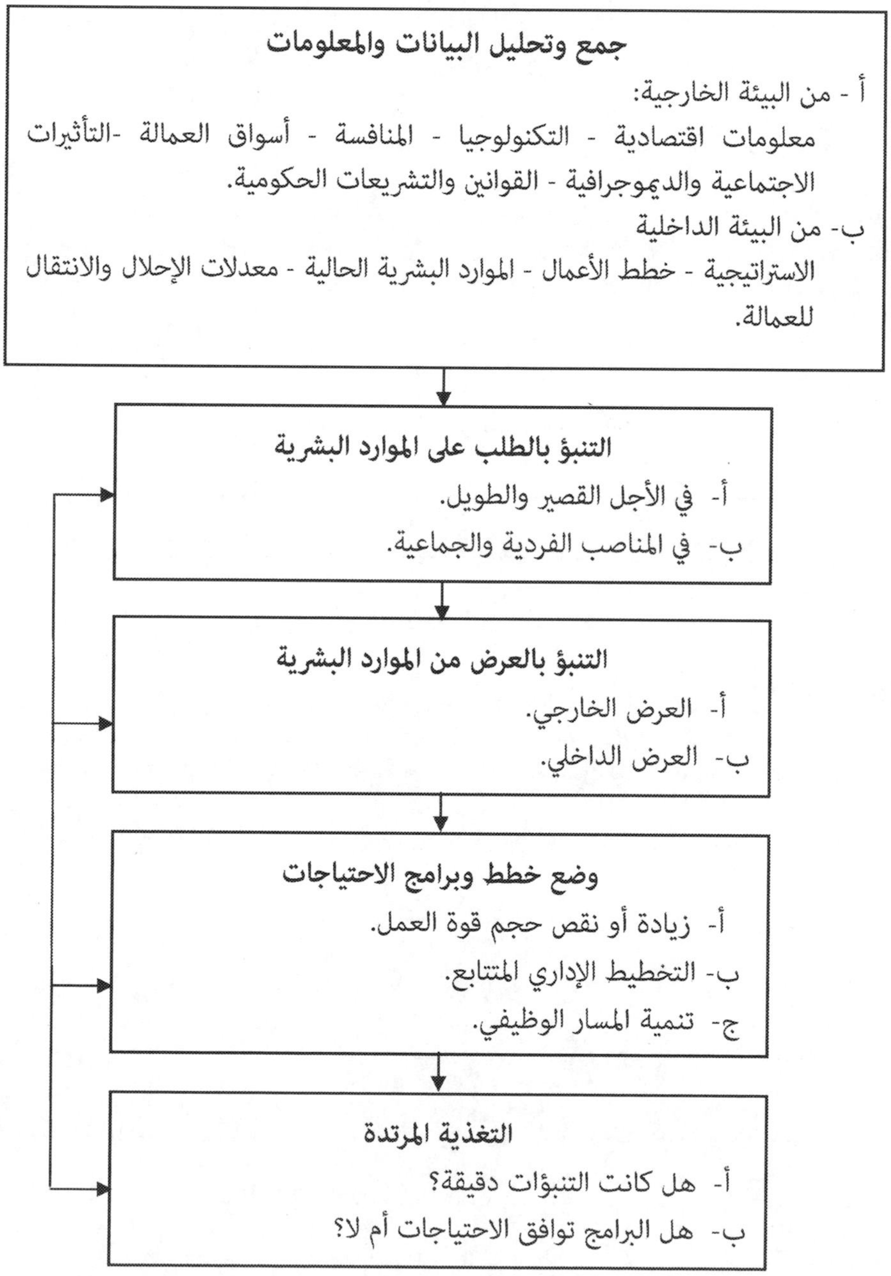

جمع وتحليل البيانات والمعلومات

أ - من البيئة الخارجية:

معلومات اقتصادية - التكنولوجيا - المنافسة - أسواق العمالة -التأثيرات الاجتماعية والديموجرافية - القوانين والتشريعات الحكومية.

ب- من البيئة الداخلية

الاستراتيجية - خطط الأعمال - الموارد البشرية الحالية - معدلات الإحلال والانتقال للعمالة.

التنبؤ بالطلب على الموارد البشرية

أ- في الأجل القصير والطويل.

ب- في المناصب الفردية والجماعية.

التنبؤ بالعرض من الموارد البشرية

أ- العرض الخارجي.

ب- العرض الداخلي.

وضع خطط وبرامج الاحتياجات

أ- زيادة أو نقص حجم قوة العمل.

ب- التخطيط الإداري المتتابع.

ج- تنمية المسار الوظيفي.

التغذية المرتدة

أ- هل كانت التنبؤات دقيقة؟

ب- هل البرامج توافق الاحتياجات أم لا؟

المصدر:عبد الله محمد دياب، إدرة الموارد البشرية، دار النور للنشر، 2010، ص 48.

شكل (3-2): مراحل تخطيط الموارد البشرية

وعليه تتضح العلاقة بين تخطيط الموارد البشرية والتدريب:

- يعد تخطيط الموارد البشرية دراسة وتحليل جوانب عرض العمالة داخلياً أو خارجياً، فكيف يحدث هذا من خلال تحليل للمهارات والمعارف التدريبية من العمالة سواء كانت للمهارات والمعارف المتوفرة لدى تلك العرض الخارجي والداخلي أو التي يجب أن تتوافر فيهم في المستقبل.

- عملية تخطيط الموارد البشرية تخص المستقبل ومن ثم فهي تحتاج لحسن التنبؤ والتوقع وبالاحتياجات المستقبلية من الموارد البشرية كماً وكيفاً، لهذا نجد أن من الضروري وجود ترابط قوى جداً لتحديد الاحتياجات التدريبية مستقبلاً؛ حتى يتم توفير العمالة بالكيفية المتوقعة من قبل إدارة تخطيط الموارد البشرية.

- من الأبعاد الواجب مراعاتها عند إجراء عملية التخطيط للموارد البشرية، الوقت المناسب لتوفير قوة العمل وفي المكان المناسب وبالتكلفة المناسبة، وهنا تظهر الحاجة الماسة لوضع خطط تدريبية للأفراد حتى يتم توفير قوة العمل في الوقت المناسب.

- إن تخطيط الموارد البشرية يعد مكملاً لخطة المؤسسة ككل والتي يجب أن تتكامل مع الخطط الفرعية للمؤسسة والتي منها - بكل تأكيد - خطط التدريب السنوية والتي تقسم إلى خطط نصف وربع سنوية وشهرية حتى تصل إلى خطط تدريب يومية.

- ذكرنا فيما سبق أن من أهداف تخطيط الموارد البشرية؛ العمل على صيانة الموارد البشرية والسعي لرفع كفاءتها الإنتاجية، فكيف يحدث صيانة للموارد البشرية بدون تقويم ومِنْ ثَمَّ الوقوف على النقاط السلبية التي يجب أن تتطور ومِنْ ثَمَّ الوصول إلى خطة عمل تدريبية لتطوير تلك النقاط السلبية.

- من مراحل تخطيط الموارد البشرية جمع وتحليل البيانات، والتي منها وبدون شك بيانات الدورات التي يجب أن يحصل عليها الفرد في الوظيفة المخططة له.

3- علاقة تخطيط المسار الوظيفي بالتدريب:

إن تخطيط المسار الوظيفي إحدى الوظائف التي تعني بإحداث توافق وتطابق بين الفرد من جهة، وبين الوظائف التي يشغلها من جهة، وذلك بغرض أساسي هو تحقيق أهداف المنظمة في الإنتاجية، وتحقيق أهداف الأفراد في الرضا عن العمل.

السؤال هنا: لماذا تعتبر المسارات المهنية على هذه الدرجة من الأهمية؟ أليس المسار المهني موضوعاً شخصياً وخاصاً يهم العامل نفسه؟ والحقيقة أن هذا غير صحيح لأكثر من سبب:

- أن معاناة الشخص وما يحصل عليه من مساره المهني يؤثر على أدائه وغيابه وجودة عمله ومعدل دورانه وبالتالي مكاسب أو خسائر للمنظمة التي يعمل بها

- إن المسارات المهنية تعتبر هدفاً إستراتيجياً لتحقيق المساواة في فرص التوظف.

- إن المسار المهني لأي شخص يعتبر واحدا من المدخلات الرئيسية لجودة الحياة في مجملها، ولقد أصبح الناس الآن أكثر حرية وأكثر قدرة على الحركة مما كان عليه الأمر في الماضي وهو ما ييسر بشكل أكبر إشباع المسار المهني وبالتالي ضغطا أكبر على صاحب العمل لكي يوفر فرصاً أفضل لإشباع المسار المهني.

- إن فرص المسار الوظيفي قد أصبحت أكثر محدودية خاصة في ظل اقتصاد أكبر وبطئ النمو وهو ما يجعل تخطيط المسار الوظيفي أكثر أهمية إذا شئنا الوفاء بأهداف المسار المهني للشخص.

دورة نجاح المسار المهني:

وببساطة فإن هذه النظرية تري أن النجاح يولد النجاح، فعندما يحقق الشخص دورة نجاح في عمله فإن هذا يمكن أن يولد حماسا أكبر لمجال المسار المهني الذي يمثله النشاط الناجح، وليس من المستغرب حينئذ أن نسمع عبارات مثل (لقد وجدت نفسي حقيقة)، ويوضح الشكل التالي نموذجا متكاملا لمراحل المسار المهني:

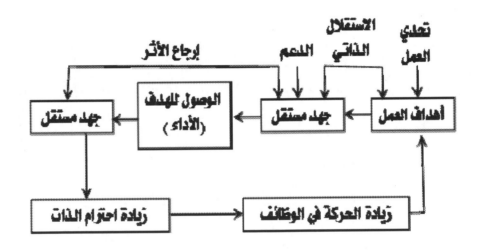

شكل (3-3): دورة نجاح المسار الوظيفي

وعليه تتضح العلاقة بين تخطيط المسار الوظيفي والتدريب:

• إن رصد وتحليل للاحتياجات التدريبية وعلاقتها بالمسار الوظيفي والتدريبي للعاملين في المؤسسات هو الهدف لتحقيق رؤية وظيفية واضحة لجهات العمل والعاملين ممن يتلقون تدريباً أثناء الخدمة إضافة إلى ربط التدريب بمسارات

وظيفية مستقبلية للعاملين أنه الأمر الذي يساعد على تحقيق عائد وأثر إيجابي متوقع من العملية التدريبية بما ينعكس إيجابياً على تطوير أداء العاملين وكفاءة العمل بتلك المؤسسات وأيضاً عملية تحديد الاحتياجات التدريبية والمسارات الوظيفية والتدريبية بشكل علمي ومنهجي هو الذي له أهمية بربط العلاقة بين التدريب والمسار الوظيفي.

- لان التدريب يعتني بتطوير قدرات المتدربين وإكسابهم مهارات ومعارف جديدة تنعكس إيجابياً عليهم وعلى المنظمات التي يعملون فيها، جاءت الفكرة نحو تنظيمه في المنظمات ضمن إطار مؤسسي يعرف بـ "المسار التدريبي للأفراد" والهدف هو:

- ترسيخ أهمية وقيمة التدريب في حياة المنظمة لدى مراكز القرار من خلال وثيقة "المسار التدريبي للأفراد"، للاستفادة من الطاقات الكامنة لدى جميع أفراد المنظمة، للنهوض والارتقاء بالمنظمة وكادرها، ولذلك فإن التدريب موجه لجميع العاملين على مختلف مستوياتهم التنظيمية وضمن الحد الأدنى المقبول.

- ترسيخ أهمية وقيمة التدريب لدى العاملين في المنظمة بغض النظر عن تفاوت مستوى تأييد التدريب بينهم.

- يلزم المسار التدريبي الموظفين/ الأفراد المستهترين إلى المشاركة وعدم التهرب من التدريب، ويساعدهم التدريب على تغيير نمط تفكيرهم نحو الإيجابية بدلا من السلبية.

- يساعد المسار التدريبي العامل/الموظف الخجول أن يشارك في التدريب لتطوير نفسه من دون أن يطلب.

- يساعد المسار التدريبي الموظفين/ الأفراد الذين ينسون أنفسهم في غمرة العمل على تجديد معلوماتهم وتنشيطها وتطوير أنفسهم.

- ومـن منــافع المــسار التــدريبي، انـه لكونــه موجـه نحـو كافـة أفـراد المنظمـة ومـرتبط بالمسميات الوظيفية لا بالأشخاص، فأنه يمنع المحابـاة ويعـزز قيم العدالـة في التـدريب، ويحقق درجة من الرضا الوظيفي تساعد على منع الشللية ضد القائمين على التـدريب أو الإدارة في هذا الجانب.

- العامل الوطني أو الإنساني: إن تطوير قدرات ومهارات ومعارف العامل/ الموظف مـن خـلال التدريب لـه انعكاسات إيجابية على: (أ) البيئة المحيطة به، مثل: الـزوج، الزوجة، الأبنـاء، الإخوة، الأصدقاء، الجيران، (ب) تعزيز مكانته الاجتماعية بالمهارات والمعارف والإمكانـات التي استفادتها من التدريب.

4- علاقة تحليل الوظائف بالتدريب:

يقصد بتحليل الوظائف دراسة مختلف أنواع الوظائف بالمنظمة، ويتم ذلك مـن خـلال جمـع معلومـات منظمـة عـن: مـسمى الوظيفـة وموقعهـا والغـرض منهـا، وواجبـات الوظيفـة ومسؤولياتها وكيفية وظروف أدائها، والمواصفات التي يجـب أن تتـوافر في شـاغل الوظيفـة، ومعايير أدائها.

وتعتبر الوظائف حلقة الوصل بين المنظمة من جهة والعاملين من الجهة الأخـرى، وتعتمـد المنظمـة في تحقيق أهدافها على الأداء الفعَّال لجميع الوظـائف بهـا، كـما يعتمـد الفـرد عـلى الوظيفة التي يشغلها في تحقيق أهدافه وإشباع حاجاته المادية والاجتماعية والنفسية.

ومن هنا كانت دراسة الوظيفة من أهم الدراسات المطلوبة لكـل مـن الفـرد والمنظمـة، وحاجة المنظمة لدراسة الوظائف وتحليلها مستمرة، بمعنى أن تحليل الوظيفة وسيلة لتحقيق أهداف المنظمة والعاملين بها وسط المتغيرات داخل وخارج المنظمة، ويترتب على ذلك وجود الحاجة إلى إعادة دراسة الوظيفة وتحليلها مع تغير الظروف المحيطة بالوظيفـة، مثـل تغـير التكنولوجيا أو اتساع أعمال المنظمة أو الانكماش فيها أو التغير في حاجات العاملين ونموهم.

استخدامات إدارة الموارد البشرية لتحليل الوظائف:

تستفيد إدارة الموارد البشرية من تحليل الوظائف في العديد من المجالات، بل تعتمد عليه في أداء وظائفها بفاعلية. ويمكن توضيح أهم استخدامات إدارة الموارد البشرية لتحليل الوظائف فيما يلي:

- إعداد وصف الوظائف Job Descriptions بناء على معلومات تحليل الوظيفة، ويتم ذلك من خلال N عداد بطاقة لكل وظيفة توضح واجباتها ومسؤولياتها وظروف أدائها.
- تحديد مواصفات شاغل الوظيفة Job Specifications من خلال تحليل أعباء الوظيفة ومهامها، فيمكن تحديد المواصفات الجسمانية والعقلية والنفسية الواجب توافرها في شاغل الوظيفة.
- تصميم نظام معلومات الموارد البشرية HRIS يعتمد بالدرجة الأولى على معلومات تحليل الوظائف، بما يمكن الإدارة من إتخاذ القرارات الوقائية Decisions Proactive، ويساعد تحليل الوظائف مصمم نظام معلومات الموارد البشرية في تنظيم قاعدة بيانات، تعتمد على تقسيم الوظائف إلى مجموعات متشابهة.
- تخطيط الموارد البشرية HRP Human Recourses Planning فيعتمد في إعداد تقدير أنواع الوظائف والعدد المطلوب من كل نوع على معلومات تحليل الوظائف.
- الاختيار Selection على أساس المواصفات المحددة لشاغل الوظيفة، فتصميم الاختبارات والمقابلات للمتقدمين بناء على تحليل الوظيفة وأعبائها، بما يضمن اختيار الأفراد المناسبين لخصائص ومتطلبات الوظيفة.
- التدريب Training فيتم تحديد الاحتياجات التدريبية وتصميم برامج التدريب للعاملين على أساس: طبيعة وظائفهم، وواجباتهم ومسؤولياتهم، والمهارات

المطلوبة لأدائها، كما تستخدم بطاقات وصف الوظائف في تعريف العاملين الجدد بوظائفهم.

- تقييم الوظائف Job Evaluation وتحديد الأجور يتم على أساس الأعباء والمسؤوليات المطلوبة من الوظيفة، بما يحقق العدالة بين العاملين، فيحصل كل من العاملين على أجر يتعادل مع أعباء وظيفته، وتحصل الوظائف المتماثلة في الأعباء والمسؤولية على أجور مماثلة.

- وضع معايير الأداء Performance Standards يعتمد على تحليل الوظائف في تحديد الأعمال المطلوبة من الوظيفة، وطريقة أدائها، والوقت المستغرق في الأداء.

- الترقية Promotion فيستلزم إجراء الترقيات التعرف على الوظائف ذات المستوى الأعلى من حيث الأعباء والمسؤوليات، وتحليل الوظائف يفيد في تحديد مواصفات تلك الوظائف بما يساهم في ترشيح أنسب العاملين للحصول على الترقية.

- النقل Transfer فيحتاج إجراء النقل إلى دراسة خصائص الوظائف المنقول منها واليها، ويحدد تحليل الوظائف تلك الخصائص، بما يضمن فعَّالية قرارات النقل وتناسب مواصفات الموظف المنقول مع متطلبات الوظيفة المنقول إليها.

- موازنة الوظائف Job Budget فيعتمد إعداد واعتماد التقديرات لموازنة الوظائف على بيانات عن الوظائف وطبيعتها ومسؤولياتها، ويفيد تحليل الوظائف في توفير تلك البيانات.

- تقدير كفاءة العاملين Efficiency Rating فيساعد تعرف الرئيس على واجبات ومسؤوليات وظائف مرؤوسيه في الحكم على درجة كفاءتهم في القيام بواجبات ومسؤوليات وظائفهم.

- تطوير الوظيفة Job Development يعتمد على تحليلها وبحث إمكانيات توسيع مهامها أو زيادة مسؤولياتها، ويترتب على ذلك إشباع حاجات الفرد وزيادة دافعيته للعمل وارتفاع مستويات أدائه الوظيفي ويضاف للفوائد التي تجنيها إدارة الموارد البشرية من تحليل الوظائف فوائد أخرى تجنيها المنظمة، فيساعد تحليل الوظائف في إزالة غموض الاختصاصات الوظيفية وتنازعها والتداخل بينها، ولا يخفى أثر ذلك على وضوح العلاقات التنظيمية وإيجاد التنسيق والتكامل لصالح الأهداف الكلية للمنظمة.

ويبرز ذلك أهمية دراسة الوظائف بالمنظمات والفوائد التي تعود على المنظمة من تحليل وظائفها، ويدعو ذلك المنظمات إلى القيام بتلك الدراسة متبعين الخطوات العلمية التي تضمن الموضوعية والدقة.

مراحل تحليل الوظائف بالمنظمات:

ترى أستاذتنا د. أماني محمد عامر أن خطوات الطريقة العلمية لدراسة الوظائف فيما يلي:

(1) **حصر أنواع الوظائف بالمنظمة:**

ويتم في هذه المرحلة حصر أنواع الوظائف في مختلف أنشطة المنظمة، ويلاحظ أن المقصود بالوظيفة مجموعة من الأعمال المتشابهة المتكاملة يقوم بأدائها الموظف. ويوجد داخل كل نشاط أنواع من الوظائف، ففي نشاط الحسابات مثلا يوجد وظائف: كاتب حسابات، ومحاسب، ومحصل ورئيس حسابات. ولا يقصد بحصر أنواع الوظائف حصر عدد العاملين بها، وإنما يقصد أنواع الوظائف بكل نشاط كما هو موضح أعلاه في نشاط الحسابات. فيمكن حصر أنواع الوظائف في نشاط البيع بأحد المنظمات في: مندوب مبيعات، رئيس وحدة بيعيه، مدير مبيعات. ولا يهم

عـدد منـدوبي البيـع مـثلا أو مـا يـسمى بالوظـائف التكراريـة، فالحـصر ينـصب أسـاساً عـلى الوظائف المختلفة وليس الموظفين.

ويمكن إعداد حصر الوظائف بالرجوع إلى الهيكل التنظيمي ودليل التنظيم، مع مراعاة أن بعض الوظائف الموجودة بالهيكل قد لا توجد في الواقع نتيجة إلغائها. كما يمكن الرجوع إلى حصر الوظائف الموجودة فعلا بالمرور على الإدارات وحصر ما بها من وظائف، وتفيد مرحلة الحصر في وضع خطة زمنية ومالية للدراسة كما تفيد في تحديد خصائص الباحثين المشاركين في الدراسة ممن لهم إلمام عام بالنواحي الفنية للوظائف محل الدراسة أو لهم خبرة سابقة في توصيف وظائف مشابهة.

(2) اختيار وإعداد الباحثين:

وتعتبر تلك المرحلة من أهم مراحل الدراسة، فتحقيق أهداف الدراسة بدقة وموضوعية وشمول إنما يعتمد على حسن اختيار الباحثين القائمين بالدراسة والاهتمام بإعدادهم قبل البدء في التنفيذ.

ويتم اختيار الباحثين المناسبين لطبيعة المنظمة ووظائفها، فالباحثين المناسبين لتحليل وظائف شركة طيران لابد أن يكون لديهم خلفية عن طبيعة نشاط شركات الطيران، وخلفية كافية عن الوظائف التي سيعهد إليهم بتحليلها. ويضاف لذلك أهمية وجود خبرة سابقة لدى الباحثين في دراسة وتحليل ووصف الوظائف، كما يلزم تدريب الباحثين الذين وقع الاختيار عليهم وتنمية مهاراتهم الإدراكية والاتصالية والتحليلية وتعريفهم بأهداف وأبعاد الدراسة المختلفة.

(3) تحديد أنواع البيانات المطلوبة.

يحتاج تحليل الوظيفة لبيانات مختلفة عن: الوظيفة، وشاغلها، ومعايير أدائها، ويمكن التعرف على أهم تلك البيانات فيما يلي:

- بيانات أساسية عن الوظيفة: وتتضمن مسمى الوظيفة وموقعها والقسم والإدارة التابعة لها والرئيس المباشر عليه.

- ملخص الوظيفة: ويتكون من سطرين أو ثلاثة، لتوضيح الغرض من الوظيفة وكيفية أدائها باختصار.

- واجبات الوظيفة: وتتضمن توضيح نوعية الوظيفة هل إدارية أو كتابية أو فنية، واهم الواجبات المطلوبة من الوظيفة والوقت النسبي الذي يستغرقه كل واجب، وباقي الواجبات ونسبة الوقت المخصص لها.

- المسؤوليات: ويتناول كافة المسؤوليات التي تقع على عاتق شاغل الوظيفة، مثل: المسؤولية عن موارد ومعدات وإفراد وأموال وامن وسلامة المنشات والأفراد.

- ظروف العمل: وتتضمن توضيح الظروف المادية للعمل من حرارة ورطوبة وإضاءة وضوضاء وتعرض لمخاطر ووقوف وتنقل وغير ذلك، كما توضح الظروف النفسية للعمل من تعرض للضغوط النفسية والقلق والخوف وغيرها.

- مواصفات شاغل الوظيفة: وتتناول مستوى ونوع التعليم والتدريب والخبرات المطلوبة، والمهارات والقدرات، والخصائص الجسمانية، والخصائص الشخصية المطلوب توافرها في شاغل الوظيفة مثل المظهر واللباقة، وقوة الملاحظة وسرعة البديهة وغيرها.

- معايير الأداء: وتركز على كيفية قياس أداء الوظيفة، وتحديد العوامل الأكثر مساهمة في النجاح فيها.

(4) تحديد الطريقة المتبعة في الدراسة:

تتعدد الطرق التي يمكن إتباعها للحصول على المعلومات اللازمة لتحليل الوظيفة، ومن أهم الطرق التي يمكن إتباعها لتحليل الوظائف بالمنظمة ما يلي:

- الرجوع إلى المجلدات المنشورة عن توصيف أنواع الوظائف المتعددة، ويجب التحفظ عند الاعتماد على هذه الطريقة حيث أثبتت التجربة أنها لا تمثل الواقع، حيث اتضح أن واجبات الوظيفة في الواقع تختلف عن الواجبات المحددة في تلك المجلدات المنشورة.

- الاعتماد على الخبرة الشخصية في تصور أعمال الوظائف المطلوب تحليلها، وقد يختلف التصور عن الأعمال الفعلية التي لا يمكن التعرف عليها إلا من خلال ملاحظة أداء هذه الأعمال في الواقع.

- تحليل وتوصيف منظمات مماثلة، فيوجد في بعض القطاعات مجلدات تمثل توصيف للوظائف في الشركات التابعة لتلك القطاعات. وقد وجد أنه رغم وجود تسمية واحدة لبعض الوظائف في مختلف شركات قطاع معين، إلا انه تختلف أعمال وأعباء تلك الوظائف بين تلك الشركات. وقد يرجع ذلك إلى اختلاف حجم العمل وقيمته واختلاف الظروف الخاصة بكل شركة.

- استقصاء شاغلي الوظائف، انطلاقاً من أن شاغل الوظيفة هو أقدر الناس على تحديد الأعمال والمسؤوليات والظروف الخاصة بوظيفته، ويوجد عيب كبير في الاعتماد المطلق على هذه الطريقة، ويرجع هذا العيب إلى مبالغة شاغل الوظيفة في أعباء وظيفته وظروفها، وخاصة إذا اعتقد أن المعلومات التي يدلي بها سيعتمد عليه في تحديد قيمة الوظيفة وأجرها.

- استقصاء رؤساء شاغلي الوظائف المطلوب تحليلها، وقد يعيب الاعتماد على هذه الطريقة بشكل مطلق مبالغة الرؤساء في أعباء وظائف مرؤوسيهم وقد يرجع ذلك إلى تبرير طلبهم موظفين جدد أو تضخيم أعباء وظائفهم الإشرافية وبالتالي زيادة قيمتها وأجورها.

- الاعتماد على الباحثين كمدربين لتحليل وتوصيف الوظائف، سواء كانوا من داخل أو من خارج المنظمة، ففي داخل بعض المنظمات أقسام لدراسة العمل

بها باحثين متخصصين في تحليل ووصف الوظائف، ويمكن الاستعانة بمكاتب الخبرة التي لديها مقدرة في القيام بمثل هذه الأعمال، ويضاف لذلك أهمية تدريب وتنمية مهارات الباحثين إذا اعتمد على تلك الطريقة.

- وفي الواقع تختلف الطريقة الأنسب في أتباعها في دراسة الوظائف باختلاف ظروف المنظمات فالطريقة المناسبة لتحليل وظائف منظمة قائمة تختلف عن الطريقة المناسبة لمنظمة جديدة، والمفاضلة بين الطرق تعتمد على مقارنة التكلفة والعائد من اتباع كل طريقة، وتتمثل التكلفة في الوقت والجهد والمال، ويعتمد العائد من اتباع طريقة معينة أساساً على الدقة والموضوعية التي تحققها الطريقة، ولا يجب الاعتقاد أن الطرق الستة المذكورة سلفاً هي بدائل، ولكن يمكن الاعتماد على أكثر من طريقة في نفس الوقت، لتجنب عيوب كل طريقة وزيادة درجة الموضوعية في تحليل الوظائف.

- فيمكن الجمع بين الاعتماد على باحثين متخصصين واستقصاء كل من شاغل الوظيفة والرئيس. ويقوم الباحثون بالإشراف على جمع وتحليل المعلومات باتباع الملاحظة الشخصية لشاغلي الوظائف أثناء أدائهم لها، بالإضافة إلى بيانات استقصاء العاملين والرؤساء.

(5) تعريف الرؤساء والمرؤوسين بالدراسة:

وتهدف هذه المرحلة إلى: ضمان تعاون المرؤوسين والرؤساء، والدقة والموضوعية في المعلومات التي سيدلون بها، وتوفير التسهيلات اللازمة لتنفيذ الدراسة وجمع الباحثين للمعلومات، وتؤثر درجة تحقيق تلك الأهداف على درجة نجاح الدراسة، وبالتالي نجاح إدارة نظم الموارد البشرية التي تعتمد عليها كما سبق أن أوضحنا.

ويتم شرح أبعاد الدراسة للرؤساء والمرؤوسين من خلال مقابلات واجتماعات، ويجب إقناعهم بفائدة الدراسة لهم وللمنظمة، كما يجب التأكيد على الدقة والموضوعية

وعدم التحيز في الأسلوب المتبع في إجراء الدراسة ويتم التأكيد على أن نتائج الدراسة لـن يترتب عليها أي أضرار بالأوضاع الحالية، لأي فرد. ويترتب على كسب ثقة العاملين إزالة أسباب مخاوفهم والحصول على تعاونهم في إنجاح الدراسة، وقـد يكون من المفيـد أن يعـرف العـاملون أن معلومات الدراسة سيتم الحصول عليها من عدة مصادر متنوعة، ويؤدى ذلك إلى استبعاد أثر تحيز كل فرد لوظيفته ومبالغته في أعبائها.

(6) تصميم قوائم الاستقصاء:

ويتم في تلك المرحلة تصميم استقصاء تحليل الوظيفة، وقد يعد أكثر من نموذج حسب الاختلاف في طبيعة الوظائف المراد دراستها. وتضم قائمة الاستقصاء أسئلة للحصول على أنواع البيانات المطلوبة لتحليل الوظيفة، بحيث يمكن ذلك من إعداد بطاقة وصف الوظيفة وتحديد مواصفات شاغلها ووضع معايير الأداء لها، وقد يخصص جزء في القائمة لتعليق الرئيس المباشر على المعلومات التي ذكرها العاملون عن وظائفهم، كما قد يخصص جزء من القائمة لملاحظات الباحث من دراسته للوظيفة على الطبيعة.

ويراعى في تصميم القائمة البساطة والوضوح وسهولة الفهم ممن سيقوم بالإجابة عليها، كما يراعى التسلسل المنطقي للأسئلة دون إطالة تؤدى إلى عدم دقه المتعامل معها أو مللـه. ويجب تجنب استخدام الألفاظ التي تحتمل أكثر من معنى،كما يمكن إضافة سؤال عن الاقتراحات وعن المشكلات لإثارة اهتمام العاملين، ومن المهم اختبار وضوح القائمة على عينة من العاملين، وتطوير القائمة بناء على نتائج اختبارها قبل طباعتها في شكلها النهائي، ويرفق بكل قائمة استقصاء خطاب موجه للفرد يوضح له أهداف الدراسة، ويؤكد على الموضوعية والدقة المطلوبة في إجابتها، ويتضمن إرشادات بكيفية الإجابة على الأسئلة، ولمن تسلم القائمة بعد الانتهاء من الإجابة عليها.

وفيما يلي نموذج تراه د. أماني عامر لاستقصاء تحليل وظيفة:

استقصاء تحليل وظيفة

اسم الوظيفة: ....

المجموعة النوعية: ....

القسم والإدارة: ....

موقع العمل: ....

الرئيس المباشر: ....

1- **ملخص عام للوظيفة:** (اذكر باختصار الغرض من الوظيفة وماهيتها وكيفية أدائها).

....

....

....

2- **واجبات الوظيفة:**

أ- أنواع واجبات الوظيفة:

❑ طبية ❑ فنية ❑ إدارية ❑ كتابية ❑ مهنية

ب- اذكر الواجبات الرئيسية ونسبة الوقت المستغرق في كل منها:

1- ....

2- ....

3- ....

4- ....

ج- اذكر الواجبات الأخرى للوظيفة، ونسبة الوقت المستغرق في كل منها:

1- ....

2- ....

3- ....

4- ....

د- ما الواجبات التي تحقق النجاح في الوظيفة من بين الواجبات التي ذكرت سابقا؟:

1- ....

2- ....

3- ....

3- مسؤوليات الوظيفة:

ما المسؤوليات الخاصة بالوظيفة؟ وما درجة أهمية كل منها؟:

المسؤوليات عن	درجة أهميتها		
	عالية	متوسطة	منخفضة
- الأمن الشخصي - أمن آخرين - أداء الآخرين لأعمالهم - تشغيل معدات - استخدام أدوات - استخدام مواد - استخدام أموال - حماية معدات - حماية أدوات - حماية مواد - أخرى..........			

4- ظروف العمل:

اشرح ظروف العمل التي تقوم بأدائه من حيث:

- ساعات العمل اليومية: ....
- ساعات العمل الإضافية: ....

- جودة تهوية مكان العمل: ....
- وجود ضوضاء في مكان العمل: ....
- كفاية الإضاءة في مكان العمل: ....
- نظافة مكان العمل: ....
- درجة تلوث مكان العمل: ....
- وضعك أثناء الأداء:
    - واقفـا: ....
    - جالسا: ....
    - متنقلا: ....
- نوع المخاطر التي تتعرض لها أثناء أدائك لعملك: (إن وجدت)

....

....

- نوع الاتصالات مع الآخرين التي يتطلبها عملك (إن وجدت)

....

....

ظروف أخرى للعمل وهى:

....

....

5- مواصفات شاغل الوظيفة:

- ما الخصائص الجسمانية المطلوبة لأداء عملك؟

....

....

- ما الخصائص الشخصية اللازمة لأداء عملك؟ وما درجة الأهمية النسبية لكل منها؟

الخصائص الشخصية	درجة الأهمية		
	هامة	متوسطة الأهمية	غير هامة
- المظهر - المبادأة - الحكمة - الانتباه - سرعة البديهة - قوة الملاحظة - خصائص - أخرى:			

- ما مستوى التعليم اللازم لأداء العمل؟

....

ما الخبرة المطلوبة للوظيفة؟:

- نوعها: ....
- مدتها: ....

- ما التدريب المطلوب للوظيفة؟:

- نوعه: ....
- مدته: ....

- ما المهارات الأخرى التي تحتاجها الوظيفة؟

....

6- معايير أداء الوظيفة:

- كيف يمكن قياس أداء هذه الوظيفة؟

....

....

ما العوامل المحددة والأكثر مساهمة في نجاح أداء هذه الوظيفة؟

....

....

7- أذكر أي تعليقات أو ملاحظات لك خاصة بالوظيفة:

....

....

....

8- ملاحظات الرئيس المباشر عن هذه الوظيفة:

....

....

....

9- ملاحظات الباحث القائم بدراسة الوظيفة:

....

....

....

توقيع الباحث: التاريخ:

(7) جمع البيانات وتحليلها:

تتعدد أساليب جمع البيانات من مصادرها، فتتبع أساليب: الملاحظة للباحثين، والمقابلات الشخصية مع شاغلي الوظائف ورؤسائهم، والاستقصاء. قد تُجمع عن طريق اتصال الباحثين المباشر بالمبحوثين أو تُجمع عن طريق اتصال غير مباشر بإرسال القوائم ثم استلامها، ويجب الاهتمام بالتخطيط للطريقة المتبعة في جمع البيانات، سواء كانت الملاحظة أو المقابلة أو الاستقصاء.

وبعد جمع البيانات ومراجعتها واستيفاء الناقص بها، يتم تصنيف قوائم التحليل إلى مجموعات، تمثل كل مجموعة وظيفة يكون لها عدد من القوائم بعدد شاغلي نفس الوظيفة.

ويتم تفريغ القوائم الخاصة بكل وظيفة في كشف تحليل الوظيفة ويبدأ الباحث بتفريغ احد القوائم، ثم يقارن المعلومات التي يتم تفريغها في كشف تحليل الوظيفة بالمعلومات المذكورة في باقي القوائم، ويقوم بتدوين أي إضافات ترد في باقي القوائم، بحيث يضم كشف تحليل الوظيفة جميع المعلومات التي ذُكرتْ في مختلف القوائم التي قام بالإجابة عنها شاغلوا نفس الوظيفة.

(8) إعداد بطاقات وصف الوظائف:

بطاقة وصف الوظيفة عبارة عن كشف يضم معلومات عن الوظيفة وواجباتها ومسؤولياتها وظروف أدائها ومواصفات شاغلها. ويتم إعداد بطاقة الوصف من واقع كشف تحليل الوظيفة، بما يخدم مختلف أغراض إدارة الموارد البشرية السابق الإشارة إليها، وتقوم بعض المنظمات في عمل مجلد يضم وصف وظائفها، ويعيب ذلك عدم المرونة عند الحاجة إلى تطوير وصف بعض الوظائف نتيجة تغيرات تكنولوجية أو غير ذلك، ويفضل إعداد بطاقة منفصلة لكل وظيفة تحمل رقمها، بحيث يمكن التكيف مع التغيرات المؤثرة على تصميم الوظائف أو مواصفات شاغلها، فيتم سحب البطاقة الخاصة بالوظيفة التي تدعو الحاجة إلى تطويرها، وتُعدُ بطاقة جديدة بالتصميم الجديد لها توضع محلها، دون أن يؤثر ذلك على بطاقات وصف الوظائف الأخرى.

وفيما يلي نموذج تراه أستاذتنا د. أماني عامر لبطاقة وصف وظيفة:

بطاقة وصف وظيفة

اسم الوظيفة:	رقم الوظيفة:	
الإدارة:	القسم:	الموقع: ....
اسم معد البطاقة:	التاريخ:	

وصف عام للوظيفة:

....

....

واجبات الوظيفة:

....

....

مسؤوليات الوظيفة:

....

....

علاقة الوظيفة بالوظائف الأخرى:

....

....

ظروف العمل:

....

....

مواصفات شاغل الوظيفة:

....

....

وقد أرى أن التحليل الوظيفي بهدف الوصف الوظيفي من أهم وظائف إدارة الموارد البشرية وأساس لكثير من الوظائف، لهذا مرفق احد النماذج الواقعية لبطاقات الوصف الوظيفي.

نموذج بطاقة الوصف الوظيفي لمدير موارد بشرية

المسمى الوظيفي: مدير الموارد البشرية

مسمى وظيفة الرئيس المباشر: مساعد المدير العام للشؤون المالية والإدارية

مسمى الوحدة الإدارية: الموارد البشرية

الوظائف التي يشرف عليها: قسم شؤون الموظفين، قسم التطوير الإداري والتدريب

الاختصاص العام للوظيفة: تطوير وتنظيم وتخطيط القوى العاملة وشؤون العاملين والإشراف على برامج تأهيل ورفع كفاءة العاملين ورعاية حقوقهم والتأكد من حسن سير العمل في المديرية.

المهام والمسؤوليات

- مساعدة القيادات العليا في بلورة الأهداف، ورسم الخطة الاستراتيجية والسياسات العامة وإتخاذ القرارات المركزية التي تهم المؤسسة ككل.

- الإشراف على تنفيذ الخطط والبرامج والسياسات المقررة، والتأكد من سلامة ودقة التنفيذ والالتزام بها.

- تقديم الاقتراحات الخاصة بتطوير التنظيم الإداري والهيكلي للمؤسسة.

- المساعدة في تحويل الأهداف العامة إلى أهداف فرعيه ونشاطات.

- يشرف على إعداد جدول تشكيلات الوظائف ويحدد الشواغر سنوياً بالتنسيق مع الجهات المعنية والمديرية المالية.

- يشرف على متابعة تحديث خطه الموارد البشرية والبرامج التنفيذية للمديرية.

- دراسة احتياجات العاملين التدريبية لتنمية قدراتهم ومهاراتهم الوظيفية.

- دراسة مشكلات العمل بغية تحسينه ورفع مستواه.

- العمل على تنمية قدرات ومهارات ومعارف المرؤوسين وذلك بتوفير فرص التأهيل والتدريب اللازمة.

- العمل على تطوير نظم المعلومات وتشجيع استخدام الأجهزة وتطوير مهارات استخدامها.

- العمل على تنمية وبناء روح الفريق الجماعي بين المرؤوسين.

- الإشراف على المرؤوسين وتشجيعهم على المساعدة وتقديم الاقتراحات والآراء الجديدة البناءة.

- إعداد التقارير الدورية الخاصة بأداء العاملين وبإنجازات الوحدة التنظيمية وتقييمها بهدف تحسين الأداء وسير العمل.

- يشارك في عمليات إدارة المعرفة وحسب طبيعة العمل.

- تعميم المعارف المكتسبة ونقلها لمرؤوسيه ومشاركة نظرائه.

- التأكد من أن جميع مهام وواجبات الوظائف المختلفة داخل الوحدة التنظيمية تساهم في الوصول إلى الأهداف الفرعية للمؤسسة وبالتالي الوصول إلى الأهداف العامة للمؤسسة.

- أي واجبات أخرى يكلف بها في مجال اختصاص الوظيفة.

الاتصالات:

1- المدير العام.

2- مساعد المدير العام للشؤون المالية والإدارية.

3- مساعد المدير العام للشؤون الفنية.

4- مدراء المديريات.

5- ديوان الخدمة المدنية.

6- دائرة الموازنة العامة.

7- وزارة المالية.

8- جميع موظفي المؤسسة.

شروط شغل الوظيفة:

- المؤهل العلمي: بكالوريوس كحد ادني في الإدارة.
- سنوات الخبرة: خبره (10-12) سنوات في مجال الموارد البشرية.

التدريب:

1- التخطيط الاستراتيجي
2- إدارة الأزمات
3- إعداد الوصف الوظيفي وتحديثه
4- تحديد الاحتياجات التدريبية
5- تنمية الموارد البشرية
6- القيادة والإشراف
7- التفكير الإبداعي
8- إتخاذ القرارات وحل المشكلات

المهارات والقدرات والمعارف الأساسية:

- مهارة عاليه في القيادة والإشراف.
- مهارة عاليه في الاتصال وإعداد التقارير.
- قدره عاليه على إتخاذ القرارات وتحمل المسؤوليات.
- قدره عاليه على التوجيه والتحليل المنطقي.
- معرفه تامة في التشريعات والقوانين والأنظمة.
- مهارات متقدمه في مجال التخطيط الاستراتيجي.

بيئة العمل

1- وسائل التبريد والتكييف.
2- توفر أجهزة لمتطلبات العمل.
3- وجود علاقات عمل إيجابية.

الموافقة أو المصادقة من قبل: مساعد المدير العام للشؤون المالية والإدارية.

وعليه تتضح علاقة تحليل وتوصيف الوظائف بالتدريب:

- تحليل الوظيفة يتطلب تدريب الباحثين الذين سوف يقوموا بدراسة وتحليل الوظائف، ومن هنا تكون بداية العلاقة بين التدريب وتحليل الوظائف.

- نتيجة التحليل للوظائف؛ معرفة الدورات التي يجب أن يحصل عليها الموظف أو الفرد في المؤسسة ليتم توثيقها في بطاقة الوصف الوظيفي.

- تهتدي إدارة التدريب في ضوء بيانات الدورات التدريبية في بطاقة الوصف الوظيفي بتحديد الاحتياجات التدريبية كأحد مداخل تحديد الاحتياجات التدريبية للموظفين الجدد.

- تهتدي إدارة التدريب في ضوء بيانات الدورات التدريبية في بطاقة الوصف الوظيفي بتحديد الاحتياجات التدريبية كأحد مداخل تحديد الاحتياجات التدريبية للموظفين المرشحين للوظيفة الأعلى.

- تهتدي إدارة التدريب في ضوء بيانات الدورات التدريبية في بطاقة الوصف الوظيفي بتحديد الاحتياجات التدريبية كأحد مداخل تحديد الاحتياجات التدريبية للموظفين الذين سوف يُنقَّلوا من مكان لأخر في نفس المستوى الوظيفي.

5- علاقة الأجور ونظم الحوافز بالتدريب:

في هذه المرحلة ينبغي أن نتجاوز عن كثير من النقاط عند مناقشة موضوع الأجور والحوافز، فقد كثر الحديث فيها وأصبحت من البديهيات عندما تطرح على مائدة المفاوضات والحوار، ومن بين هذه النقاط الآتي:

- مفهوم الأجر ومفهوم الرواتب والفرق بينهما إذا وجد فرق.
- مدى مسؤولية إدارة الأفراد أو شؤون العاملين بالنسبة للأجور والمرتبات.
- مدى تدخل القوانين في تحديد الأجور والمرتبات.

- الخصائص المطلوب توافرها في نظام الأجور لكي يكون جيداً من وجهة نظر العامل والهيئة والاقتصاد القومي.
- العوامل التي تؤثر في مستويات الأجور.
- علاقة توصيف الوظائف وتقييم الوظائف بالأجور والمرتبات.

ولكننا نري أن هناك بعض الموضوعات التي تستحق المناقشة والحوار في الوقت الحاضر والوصول فيها إلى رأي محدد وواضح، من بين هذه النقاط الآتية:

1- هيكل الأجور والرواتب ، ماذا نعني به ، وكيف يكون في شكل أفضل؟
2- تسعير الدرجات الوظيفية والعوامل المؤثرة فيها ومدى العدالة في مقارنة الدرجات يبعضها.
3- الأشكال المختلفة للأجور وأي الأشكال أكثر انتشارا وكيف نوازن بينها وبين متطلبات الأفراد؟
4- الحوافز وعلاقتها بالأجور.
5- الإنتاجية وعلاقتها بالأجور والرواتب والحوافز.
6- هل نبدأ بزيادة الأجور أم نبدأ بزيادة الإنتاجية؟

والشكل رقم (3-4) يوضح منطقة الحوار بالنسبة لموضوعات الأجور، فما يوجد داخل الشكل يستحق الحوار والمناقشة وما يوجد خارجة ينبغي أن نهمل مناقشته لا لعدم أهـميته ولكن لأنه قُتلَ بحثاً.

هيكل الأجور والرواتب:

يقصد بهيكل الأجور والمرتبات الشكل والإطار العام الذي يأخذه نظام الأجور في الهيئة والذي يساعد في تحقيق العدالة بين العاملين وفي تحقيق رضائهم عن النظام، ولكي يتحقق ذلك فينبغي أن يتوافر نظام دقيق لتحليل الوظائف كما ذكرنا

وتصميم الوظائف وتوصيفها، ولا يكتفي بذلك فحسب وإنما يتم مقارنة الوظائف ببعضها لبيان مدى صعوبة أداء وظيفة عن أخرى وبالتالي زيادة أجرها.

ولما كان من المستحيل أن نرتب أو نسلسل الوظائف الموجودة في المنظمات الكبيرة وبحيث تمثل كل وظيفة مستوى معين، فقد اتجه الرأي إلى تحديد عدد من المستويات (أو الفئات أو الدرجات) ويوضع في كل درجة مجموعة وظائف تتشابه في صعوبة أدائها وتختلف في طبيعة عملها.

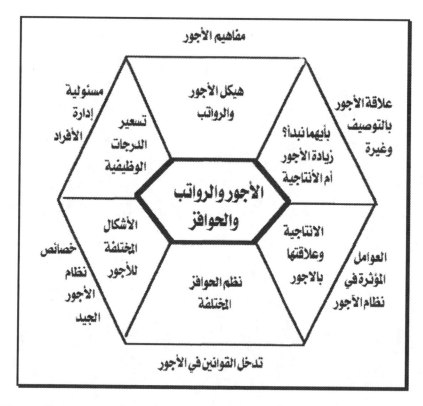

المصدر: محمود عبد الفتاح رضوان، استراتيجيات إدارة الموارد البشرية، مرجع سبق ذكره، ص25.

شكل (3-4): العناصر المتداخلة لهيكل الأجور

ويتمشي هيكل الأجور مع هيكل وشكل هذه الدرجات ولذلك فأي اختلال في هيكل الدرجات (تقييم الوظائف) يؤدي إلى الاختلال في هيكل الأجور، ومع ذلك تظل هناك مشكلة الأسعار الخاصة بكل درجة وبما يحقق العدالة بين الدرجات.

تسعير الدرجات الوظيفية:

من البداية ينبغي أن نحدد حداً أدني للأجور وحدا أعلي والفارق بينهما يوزع على الدرجات ، وتتمثل المشكلة في هذه الحالة في ثلاثة جوانب هي:

1- الفارق بين الحد الأدنى والأعلى وقيمته.

2- طريقة توزيع هذا الفرق على الدرجات المختلفة وهل بالتساوي أم بمقاييس مختلفة؟

3- تطبيق نظام الدرجات المتداخلة أو المتلامسة أو المتباعدة ولحل هذه المشكلة فينبغي زيادة الفرق كلما كان ذلك ممكنا، كما ينبغي توزيعه بالتساوي بين الدرجات أو زيادة الفئات الأعلى بمعني كلما صعدنا أعلي بنسبة 10% مثلا، ومن الأفضل تطبيق نظام الدرجات المتداخلة كلما كانت فرص الترقية محدودة أو المتباعدة إذا توافرت فرص الترقية.

الأشكال المختلفة للأجور:

تنقسم الأجور بصفة عامة إلى أجور مباشرة وأجور غير مباشرة، وتتمثل الأولي في الأجور النقدية التي يقبضها الشخص كل فترة زمنية معينة، وتتمثل الثانية في الامتيازات التي يحصل عليها العامل من انتقالات وإسكان ورعاية طبية وأجازات بأجر.

ولا شك أن هناك إجماع بين كافة العاملين على الرغبة في زيادة الأجور

المباشرة، بينما نجد أن الأجور غير المباشرة وإن كانت مطلوبة من حيث المبدأ ولكن هناك بعض العاملين الذي يفضلون استبدال الأجور غير المباشرة بأجور مباشرة.

وتتوقف كفاءة الإدارة على مدى قدرتها على التوازن بين نوعي الأجر وبحيث يحقق كل منهما رضاء العامل ويقوي انتماءه، ولذلك ينبغي إلا تقرر الإدارة أجوراً غير مباشرة إلا بعد استطلاع رأي العاملين، لاسيما إذا كانت الإدارة قادرة على تحويل الأجور غير المباشرة واستبدالها بأجور مباشرة.

الحوافز:

تعبر الحوافز عما سوى الأجور الشهرية في المعني الشائع لها، والواقع أن الحوافز هي كل ما يتصل بتحفيز العاملين، ولا شك أن مفهوم الحوافز تبعا لذلك يكون واسعا بحيث يشمل الأجور الشهرية والمكافآت والحوافز بمعناها الدارج كما يشمل الجوانب غير المالية كالمعاملة الحسنة والقيادة الصحيحة والمشاركة في إتخاذ القرارات، وكل المؤثرات الخارجية والتي تحرك وتنشط دوافع الإنسان للإتيان بسلوكيات إيجابية تحقق هدف الهيئة، وبدون الحوافز لا يحدث التحفيز أو تنشيط الدوافع وبالتالي تكون السلوكيات غير مقبولة ولا يتحقق الهدف.

من هذا المنطلق فإن رسم أي سياسة للحوافز لابد أن ترتبط بتحقيق أهداف المنشأة، وفي ظل المفهوم السابق للحوافز فإن هناك ما يسمي بالحوافز السلبية وإن كان البعض يري وجود تعارض بين مفهوم الحافز ومفهوم السلبية ولسنا من أنصار هذا الرأي.

والشكل التالي يوضح أنواع الحوافز الأكثر انتشارا في المنظمات المختلفة والتي تطبق في عالم اليوم:

شكل يوضح أنواع الحوافز

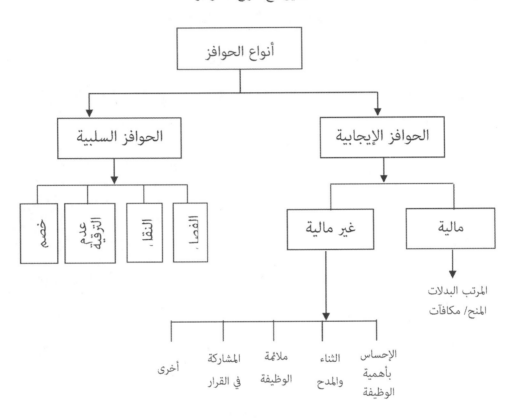

المصدر: خبراء مركز الخبرات المهنية، إشراف علمي د. عبد الرحمن توفيق، الإدارة الإستراتيجية للموارد البشرية، مرجع سبق ذكره، ص 46.

شكل (3-5): أنواع الحوافز الإيجابية السلبية

علاقة الإنتاجية بالأجور والرواتب والحوافز:

لا شك أن الإنتاجية تتوقف على كثير من المتغيرات ولكن من بين هذه المتغيرات العنصر البشري، والمفتاح الحقيقي للعنصر البشري هو التحفيز من خلال الحوافز بمعناها الواسع، ولذلك فالإنتاجية تتوقف في جزء كبير منها على الحوافز،

ولكن هذا لا يعني أن الحوافز هي المدخل الوحيد لزيادة الإنتاجية وإذا أخذنا الإنتاجية على مستوى الأفراد (العنصر البشري) وليس على مستوى الهيئة فإن الحوافز تصبح المدخل الوحيد لزيادة الإنتاجية الخاصة بالأفراد. وإذا كانت إنتاجية الفرد هي حاصل ضرب الرغبة في القدرة فإن الحوافز تؤدي إلى زيادة الرغبة وقد تؤدي إلى زيادة القدرة.

هل نبدأ بزيادة الأجر أم بزيادة الإنتاجية ؟

إن هذا السؤال لا زال محل مناقشة على مستوى المنظمات وعلي المستوى القومي، ولا زالت هناك وجهتا نظر للإجابة عليه، ولكن من وجهة نظرنا فإننا نميل إلى زيادة الإنتاجية أولاً وما يترتب عليها من زيادة الدخل والربح وإمكانية زيادة الأجر.

وعليه تتضح علاقة الأجور والحوافز بالتدريب:

تكمن العلاقة بين التدريب والأجور في أن الأجور مرتبطة ارتباط كلى وجزئي بالإنتاجية، ومن أهم المداخل لزيادة الإنتاجية الكلية هي زيادة إنتاجية الفرد والتي تقوم على التدريب الصحيح والمستمر.

وجدير بالذكر أن من خلال زياراتي للعديد من الدول العربية وجدت أن هناك عدد كبير من المؤسسات العربية تقوم بإعطاء شكل من أشكال الحوافز لكل موظف يحضر برنامج تدريبي، كنوع من التحفيز على المشاركة والالتزام في الدورات التدريبية.

6- علاقة الاستقطاب والاختيار والتعيين بالتدريب:

يشير الاستقطاب إلى: عمليات البحث والدراسة والتحري عن الموارد البشرية ذات الكفاءة والتأهيل لملئ الوظائف الشاغرة في مختلف المستويات التنظيمية،

والعمل على جذبها وانتقاء الأفضل من بينها للعمل بالهيئة. ومن خلال هذا التعريف يمكننا القول أن عملية الاستقطاب تركز على:

- البحث والدراسة والتحري عن أفضل الموارد البشرية التي يمكن ضمها للعمل بالمنظمة من خلال تجميع البيانات والمعلومات وتحليلها واستخلاص النتائج التي تسهـم في استقطاب الرجل المناسب للوظيفة المناسبة.

- تحديد مصادر الاستقطاب المرتقبة والأكثر مناسبة لـلـهـيئة سواء كانت داخلية أو خارجية والتعرف على مدى كفاءتها.

- وجود النظم التي تمكن من تقييم المتقدمين بدقة والتأكد من وجود وظائف شاغرة تم تحديدها عن طريق ذوي التخصص.

- تحري العدالة والأمانة والصدق عند إجراء عمليات الاختيار ، والالتزام بالإجراءات القانونية.

- التأكد من كفاءة الإجراءات الإدارية لعملية الاستقطاب مثل الرجوع للمصادر ذات الثقة وإعداد العقود ، واستيفاء المستندات والسجلات.. وغيرها.

وتتعدد النقاط التي توضح ضرورة الاستقطاب وأهـميته، ومن أهـمها ما يلي:

- الاستقطاب الجيد يفتح المجال أمام الهيئة للحصول على أفضل الكفاءات من خلال اتساع قاعدة المتقدمين ، وكلما زادت أعداد المتقدمين زادت فرصة الهيئة في انتقاء الأكفأ كماً ونوعاً .

- يهتم الاستقطاب في تحديد أفضل الوسائل للبحث عن متطلبات الهيئة من الموارد البشرية سواء كانت داخلية أو خارجية، بالإضافة إلى تحديد نوعية الوسائل المناسبة لكل نوعية من التخصصات الإدارية أو الفنية أو المهنية.

- يعد الاستقطاب بمثابة الخطوة الأولي في بناء قوة العمل الفعَّالة والمنتجة.
- تهتم المنظمة من خلال مراحل وعمليات الاستقطاب إلى توصيل رسالتها للمتقدمين بأنها المكان المناسب لهم للعمل وبناء مسارهم الوظيفي الأفضل.

مراحل وخطوات عملية الاستقطاب:

تمر عملية الاستقطاب بعدة مراحل يمكن بيانها من خلال الشكل رقم (3-6)، ويتضح من الشكل أن جميع مراحل وخطوات عملية الاستقطاب حتى يكتب لها النجاح لابد أن تؤسس على خطة واضحة للموارد البشرية، ثم تحدد بوضوح المبررات والأسباب الداعية للاستقطاب، ويؤثر ذلك بشكل كبير على عملية تحليل الوظائف - وصف الوظيفة وخصائص وشروط شاغل الوظيفة - ، وبناء على ذلك يمكن التفكير في مصادر الاستقطاب وطرق اختيار الأفضل من بينها، كما يلي:

- أولاً: خطة الموارد البشرية: تمثل خطة الموارد البشرية الأساس الصحيح للانطلاق في إتمام خطوات الاستقطاب إذ أنها تمثل مجموعة الإجراءات المتكاملة المتعلقة بالاحتياجات من الموارد البشرية والتي تهدف إلى تحديد وتوفير الأعداد والمستويات المطلوبة من العمالة لأداء أعمال معينة في أوقات محددة سواء كان ذلك لوحدة قائمة أو لمشروع تحت الدراسة ، ومن ثم تتمكن الهيئة من تحديد الفائض أو العجز بعد الدراسات الشاملة للبيئة الداخلية والخارجية وتحليل العرض والطلب والتوفيق بينهما.
- ثانياً: بيان متطلبات واحتياجات الوظيفة: تهتم هذه المرحلة بتحديد مكونات كل وظيفة بشكل دقيق وواضح، وبيان الخصائص والشروط الواجب توافرها في الشخص المطلوب لشغل هذه الوظيفة بما يؤدي لتحقيق أهدافها والالتزام بمعايير أدائها الضرورية، وهذا يعني أولاً القيام بوصف الوظيفة ودراستها بصورة

تحليلية للتعرف على دورها في تحقيق أغراض التنظيم ومتطلباته، ومِنْ ثَمَّ تحديد التوصيف المتكامل والخصائص التفصيلية الواجب مراعاتها لاختيار الشخص الذي يـشغل هذه الوظيفة فيجب تحديد سمات وخصائص الأفراد الذين سيتم استقبالهم والمـؤهلات، والمهارات، والمعارف، والخبرات والخصائص الشخصية المطلوبة لانتقاء أفضل الأشـخاص للقيام بمهام الوظيفة.

وفيما يلي شكل يوضح خطوات الاستقطاب:

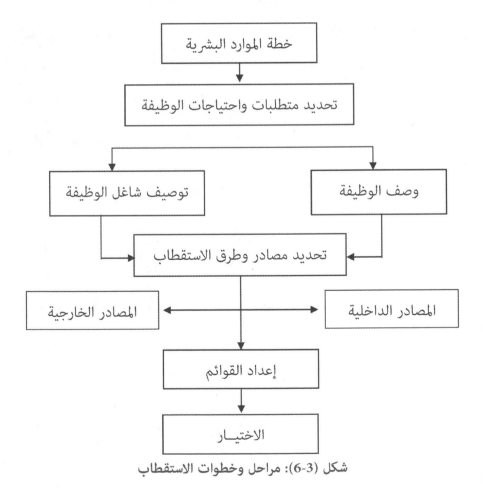

شكل (3-6): مراحل وخطوات الاستقطاب

مصادر الاستقطاب:

من خلال المصادر الداخلية والخارجية:

أ - المصادر الداخلية:

- المعرفة الكاملة بالمرشحين لشغل الوظائف.
- ارتفاع الروح المعنوية للعاملين.
- الاستفادة من عوامل الولاء التنظيمي للأفراد.
- انخفاض الحاجة إلى التدريب والرعاية والتهيئة.
- سرعة الإجراءات الخاصة بالتعيين واستلام العمل.
- الحفاظ على سرية أداء بعض الأعمال داخل الهيئة.

ومن أهم الطرق التي يمكن إتباعها في حالة الاعتماد على المصادر الداخلية ما يلي: الترقية، والنقل، والإعلان الداخلي، وترشيح الزملاء والأصدقاء، ومخزون المهارات.

ب - المصادر الخارجية :

- الإعلانات في الصحف والمجلات.
- مكاتب ومراكز التوظيف.
- الاعتماد على الجامعات والمعاهد العلمية.
- الاستعانة بالمستشارين في عملية الاختيار.
- ترشيحات موظفي الهيئة.
- مكاتب الهيئة.
- النقابات.

مفهوم الاختيار:

يمثل الاختيار الخطوة اللاحقة لعملية الاستقطاب وفي نفس الوقت الخطوة السابقة مباشرة على إتخاذ قرار التعيين ويوضح ذلك الشكل التالي:

شكل (3-7): الاختيار بين الاستقطاب والتعيين

إن الاختيار الصحيح والدقيق للموارد البشرية يعد أمراً واجباً وأساسياً حتى تضمن الهيئة انتقاء الفرد المناسب للعمل المناسب، والفرد القادر على أداء مهام ومسؤوليات منصبه على النحو الصحيح، وحتى تتم عملية الاختيار على الوجه المرضي فيجب أن يسبقها عملية تحليل الوظائف والأعمال الحالية ومدى حاجتها للأفراد كماً ونوعاً،كذلك يجب القيام بإجراء طويل المدى للاحتياجات بالموارد البشرية وتحديد مصادر الحصول عليها.

ويمكننا تعريف عملية الاختيار بأنها: العملية التي من خلالها يتم دراسة وتحليل الطلبات المقدمة من الأفراد لشغل الوظائف الشاغرة بهدف التأكد من توافر المواصفات والشروط المطلوبة للوظيفة ثم مقابلتهم واختبارهم والاستفسار عنهم، وفحصهم طبياً تمهيداً لانتقاء أفضلهم وتعيينهم بالهيئة.

خطوات عملية الاختيار والتعيين:

أولاً: طلب التوظف أو السيرة الذاتية.

ثانيا: المقابلات المبدئية.

ثالثاً: الاختبارات: ومن أهم هذه الاختبارات:

- الاختبارات الجسمانية.
- اختبارات الذكاء.
- اختبارات القيم والاتجاهات والاهتمامات.
- اختبارات الإنجاز.
- اختبارات القدرات والاستعداد.
- الاختبارات الطبية.
- اختبارات سرعة البديهة والاستجابة.
- الاختبارات الشخصية.
- الاختبارات النفسية.

رابعاً: المقابلات: تمثل مقابلة الاختيار وسيلة لتقييم المتقدمين لشغل الوظائف من خلال المحادثة مع الأشخاص وجهاً لوجه، والبحث عن إجابة ثلاثة أسئلة:

أ - هل يستطيع المتقدم القيام بالعمل (القدرة)؟

ب- هل يرغب المتقدم في أداء العمل (الرغبة)؟

ج- كيف يمكن مقارنة المتقدم مع الآخرين ممن يؤدون نفس العمل ؟

جدير بالذكر أن من أهداف المقابلات: (1) الحصول على المعلومات، (2) إمداد المتقدمين بالمعلومات، (3) المراجعة الشخصية لطالبي الوظيفة، كما أن الانتقادات الموجهة للمقابلات: (1) خطأ الانطباع الأول، (2) التأثر بالمعلومات المذكورة في طلبات التوظيف، (3) التركيز على المظاهر غير الإيجابية، (4) الاعتماد على الفكرة المسبقة، (5) عادة يميل القائمون بالمقابلة لاختيار من يتوافق على ميولهم واتجاهاتهم، (6) عدم البت النهائي في عدد من المتقدمين.

خامساً : المصادر المرجعية والتوصيات الشخصية.

سادساً: الفحص الطبي.

سابعاً : قرار التعيين والتهيئة المبدئية.

ويمكن توضيح ما سبق من خلال الشكل التالي:

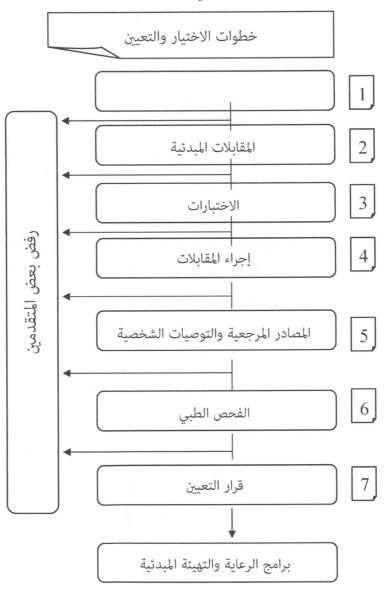

شكل (3-8): مراحل الاختيار وصولاً للتعيين

نموذج طلب التحاق بالعمل

الاسم: .... الجنس: .... تاريخ ومحل الميلاد: ....

العنوان: .... الحالة الاجتماعية: .... التليفون: ....

الدرجات العلمية التي حصلت عليها

م	الدرجات العلمية	المدرسة أو الجامعة	سنة التخرج
1			
2			
3			

الخبرات السابقة

م	العمـل	جهة العمل	المدة: من - إلى -	أهم المسؤوليات
1				
2				
3				

- المعرفة باللغة الإنجليزية: ☐ ممتاز   ☐ جيد   ☐ متوسط
- الإلمام بالحاسب الآلي: ☐ ممتاز   ☐ جيد   ☐ متوسط

البرامج التدريبية التي حصلت عليها:

م	العمـل	المدة	السنة	المكان	أهم العناصر
1					
2					
3					

الأسماء أو الجهات التي يمكن الرجوع إليها

م	الاسم	العنوان	رقم التليفون
1			
2			
3			

التاريخ: /   /   التوقيع: ....

وعليه تتضح علاقة الاستقطاب والاختيار والتعيين بالتدريب:

- إن الفريق الذي يقوم باستقطاب الموارد البشرية لابد وان يكون على دراية تامة بمهارات البحث والحوار والتفاوض، فضلا عن فريق الاختيار الذي يقوم بالمقابلات الفردية مع المرشحين لشغل الوظائف الشاغرة؛ الذي ولابد أن يتوافر لدية مهارات إعداد وعقد المقابلات الوظيفية، ومن هنا تظهر أول ملامح العلاقة القوية بين التدريب والاستقطاب والاختيار؛ التي بدورها تثقل نلك المهارات مع كلا الفريقين السابقين.
- من المفترض أن يحدث عند التعيين - وباهتداء بنتيجة المقابلات الوظيفية - أن يتم تحديد الاحتياجات التدريبية للموظف الجديد.

7- علاقة تقييم الأداء بالتدريب:

يقول عبد اللـه بن محمد المدهش أن تقييم الأداء تقييم للفرد القائم بالعمل فيما يتعلق بأدائه وقدرته وغير ذلك من الصفات اللازمة لتأدية العمل بنجاح، وهذه العملية من أهم العمليات الإدارية وأكثرها حساسية كأي عملية تتعلق بالتعامل مع البشر وبالتالي يجب أن تتم بحيادية، وصدق، وأمانة، وموضوعية **لتحقيق الأهداف التالية:**

- الإصلاح الوظيفي.
- اختيار الكفاءات المناسبة لشغل الوظائف الأعلى.
- تحقيق العدالة بين الموظفين.
- تشجيع الموظفين على المزيد من البذل.

وذلك عن طريق التقييم وفق العناصر التالية:

- مستوى الأداء.
- إمكانية تحمل مسؤوليات أعلى.

- المحافظة على أوقات الدوام.
- المعرفة التقنية ومستوى الخبرة.
- المهارات في التخطيط، والإشراف، وإتخاذ القرار، والتنفيذ.
- المعرفة بنظم وأساليب العمل والقدرة على تطويرها.
- أسلوب عرض الآراء.
- تقبل التوجيه.
- السلوك العام

فعَّالية نظم تقييم الأداء:

ونحن نرى أن هناك آليات لتفعيل تقييم الأداء، من خلال:

- استمرارية التغذية المرتدة عن الأداء.
- استخدام معايير تستند إلى السلوك وليس الصفات.
- استخدام مزيج من المعايير المطلقة والنسبية.
- تعدد القائمين بالتقييم : الزملاء - المرؤوسين - العملاء - الموردين - الرئيس المباشر.
- التركيز على الجوانب الحاكمة للأداء.
- استخدام الوسائل التي تتسم بالبساطة وسهولة الاستخدام.
- التعاون والتفاعل بين كافة الأطراف ذات العلاقة.
- تدريب القائمين بالتقييم.
- مكافأة التقييم الفعَّال.

ويقول أستاذنا الدكتور عبد الرحمن توفيق أن هناك وصايا عشر في ممارسة تقييم الأداء، وهى:

1- التحضير والإعداد الجيد لعملية التقييم: من مراجعة الوصف الوظيفي، والأهداف

المحددة للنشاط، وبيانات الأداء عن الموظف، وإعلام الموظف بالتوقيت حتى يكون مستعداً.

2- إيجاد بيئة مشجعة للموظف: التغلب على قلق الموظف والتوتر، وعدم وجود أطراف آخرين، وعدم الانشغال بأمور أخرى.

3- شرح الغرض من عملية التقييم، وتعريف الموظف بأغراض العملية، وكيفية استخدام النماذج، والنتائج المترتبة على استخدامه.

4- مشاركة الموظف في العملية: من خلال منح الفرصة للمناقشة حول جوانب التقييم، وتقديم أدلة للتقييم، وإعطاء الفرصة للتقييم الذاتي للموظف.

5- تركيز المناقشة على سلوك العمل وليس الموظف ذاته: حيث لا تهاجم الموظف، والتركيز على الجوانب السلوكية.

6- تدعيم التقييم بالأمثلة والمواقف:من خلال استخدام البيانات، والوقائع الجوهرية.

7- عرض النواحي الإيجابية والسلبية معاً:من خلال عدم التركيز على النواحي السلبية فقط، وعرض النواحي الإيجابية أولاً.

8- ضمان تفهم الموظف لنتائج التقييم: من خلال تلخيص نتائج التقييم، والتأكد من اقتناع الموظف.

9- عرض خطة للتطوير والتنمية: حيث مجالات التطوير في الأداء، ودور الرئيس في المساعدة.

10- إجراء التقييم على فترات منتظمة: من خلال المعلومات المرتدة للموظف، ومنح الفرصة لتعديل الأداء، وتوقع التقييم النهائي.

ضمانات التصميم الجيد لنظام تقييم الأداء:

- ضرورة أن تتفق معايير الأداء مع الأهداف الإستراتيجية للهيئة.
- يعتبر الوصف الوظيفي أحد المصادر الرئيسية لتلك العناصر.

- إن المعايير يجب أن تكون واضحة وموضوعية وقابلة للقياس.
- أهمية مشاركة العاملين في وضع معايير الأداء.
- يجب أن تستند عملية قياس الأداء على أربعة مصادر للمعلومات على الأقل:
  أ - الملاحظة الشخصية.
  ب- التقارير الإحصائية.
  ج- التقارير الشفهية.
  د- التقارير المكتوبة.
- ضرورة مناقشة نتائج التقييم والتركيز على النواحي الإيجابية وليس السلبية فقط.
- إن الإجراءات التصحيحية يجب أن تتعامل مع الأسباب الحقيقية وليست الظواهر التي تعكس قصور الأداء.

خطوات عملية تقييم الأداء:

تتكون عملية تقييم الأداء من خمس خطوات متصلة ببعضها:

1- إقامة تفاهم مشترك بين المدير والموظف فيما يتعلق بأسس المساءلة عن العمل وأهدافه (أي العمل الواجب إنجازه وكيف سيتم تقييمه؟)

2- التقييم المستمر للأداء والتقدم في ضوء أسس المساءلة عن العمل، وأهدافه بالإضافة إلى توفير التغذية المرتدة المنتظمة لتوضيح أو تطوير الأهداف وأسس المساءلة وتصحيح الأداء غير المقبول بمجرد اكتشافه مع مكافأة الأداء المتميز بالمديح والإشادة والتقدير.

3- التسجيل الرسمي للأداء عن طريق استكمال أو استيفاء استمارة تقييم أداء (باستخدام أسس المساءلة المحددة في الخطوة الأولي والأداء المسجل مستنديا في الخطوة الثانية كأساس لاستكمال هذه الاستمارة).

4- المناقشة المنهجية لتقييم الأداء والمبينة على الاستمارة المستوفاة للتقييم.

5- المناقشة الرسمية للتعويضات وزيادة الاستحقاقات في المكافآت على الاستمارة الرسمية لتقييم الأداء.

مسؤولية المدير في تقييم الأداء:

1- على كل مدير أن يتأكد من أن كل موظف يفهم واجبات وأهداف وظيفته (أو وظيفتها)، وكيفية قياس الإنجازات وكيفية مساهمة إنجازاته في نجاح إدارته.

2- يجب أن يعتبر المدير الموظف مسؤولاً عن الأداء، فقط في حالة إذا ما أتيحت له الفرصة المعقولة لأداء الواجبات وإتخاذ القرارات الضرورية التي تتطلبها الوظيفة.

3- على المدير مسؤولية معاونة الموظف في الوصول إلى أهدافه (أو أهدافها المحددة)، بإزالة آية معوقات في طريق نجاحه وبالإشراف والتوجيه اليومي.

وعليه تتضح علاقة تقييم الأداء بالتدريب:

في السابق عرفنا التدريب على أنه: تزويد الموظف بالمهارات اللازمة والمستجدات الحديثة في الإدارة عن طريق إلحاقه بالبرامج التدريبية والإعدادية التي تقدمها معاهد الإدارة المتخصصة بهدف:

- إعداد الموظف لتولي مركز وظيفي شاغر يحتاج شغله إلى إعداد وتدريب خاص.

- رفع مستوى الأداء لدى الموظفين أو تحسين وتطوير البيئة الإدارية عن طريق تحسين نظم أساليب العمل في المنظمات.

- تهيئة الموظفين لإتباع أسلوب جديد في العمل أو استعمال آلات حديثة.

- إعادة تدريب أو إعداد من يراد توجيههم نحو وجهات عمل جديدة.

وعملية (تقويم الأداء) أشبه ما تكون بعملية التشخيص الشامل لوضع الموظف والتعرف على مواطن القوة ومواطن الضعف لديه، ومن هنا تأتي أهمية التدريب

بصفته العلاج الذي عن طريقه يتم تعزيز مواطن القوة لدى الموظفين والتشجيع على استمرارها واستثمارها من جانب، والتعرف على مسببات مواطن الضعف لإصلاحها والوقاية منها من جانب آخر.

باختصار أن إدارة الموارد البشرية وفقاً للمداخل المعاصرة بأنها:جميع الأنشطة الإدارية المرتبطة بتحديد احتياجات المنظمة من الموارد البشرية وتنمية قدراتها ورفع كفاءتها ومنحها التعويض والتحفيز والرعاية الكاملة بهدف الاستفادة القصوى من جهدها وفكرها من أجل تحقيق أهداف المنظمة.

ومِنْ ثَمَّ أوضحنا العلاقة بين تخطيط الموارد البشرية والتدريب كما يلي:

- يعد تخطيط الموارد البشرية دراسة وتحليل جوانب عرض العمالة داخلياً أو خارجياً، فكيف يحدث هذا من خلال تحليل للمهارات والمعارف التدريبية من العمالة سواء كانت للمهارات والمعارف المتوفرة لدى تلك العرض الخارجي والداخلي أو التي يجب أن تتوافر فيهم في المستقبل.

- عملية تخطيط الموارد البشرية تخص المستقبل ومن ثم فهي تحتاج لحسن التنبؤ والتوقع وبالاحتياجات المستقبلية من الموارد البشرية كماً وكيفاً، لهذا نجد أن من الضروري وجود ترابط قوى جداً لتحديد الاحتياجات التدريبية مستقبلاً؛ حتى يتم توفير العمالة بالكيفية المتوقعة من قبل إدارة تخطيط الموارد البشرية.

- من الأبعاد الواجب مراعاتها عن إجراء عملية التخطيط للموارد البشرية، الوقت المناسب لتوفير قوة العمل وفي المكان المناسب وبالتكلفة المناسبة، وهنا تظهر الحاجة الماسة لوضع خطط تدريبية للأفراد حتى يتم توفير قوة العمل في الوقت المناسب.

- إن تخطيط الموارد البشرية يعد مكملاً لخطة المؤسسة ككل والتي يجب أن تتكامل مع الخطط الفرعية للمؤسسة والتي منها - بكل تأكيد - خطط التدريب السنوية

والتي تقسم إلى خطط نصف وربع سنوية وشهرية حتى تصل إلى خطط تدريب يومية.

- ذكرنا فيما سبق أن مـن أهداف تخطيط المـوارد البـشرية؛ العمـل عـلى صـيانة المـوارد البشرية والسعي لرفع كفاءتها الإنتاجية، فكيف يحـدث صـيانة للمـوارد البـشرية بـدون تقويم ومِنْ ثَمَّ الوقوف على النقاط السلبية التي يجب أن تتطور ومِنْ ثَمَّ الوصول إلى خطة عمل تدريبية لتطوير تلك النقاط السلبية.

- من مراحل تخطيط المـوارد البـشرية جمـع وتحليل البيانـات، والتـي منهـا وبـدون شـك بيانات الدورات التي يجب أن يحصل عليها الفرد في الوظيفة المخططة له.

ثم انتقلنا للعلاقة بين تخطيط المسار الوظيفي والتدريب التي أسفرت عـلى الآتي: "إن رصد وتحليل للاحتياجات التدريبية وعلاقتها بالمسار الوظيفي والتدريبي للعاملين في المؤسسات هو الهدف لتحقيق رؤية وظيفية واضحة لجهـات العمـل والعـاملين ممـن يتلقـون تـدريباً أثنـاء الخدمة إضافة إلى ربط التدريب بمسارات وظيفية مستقبلية للعاملين أنه الأمر الـذي يـساعد على تحقيق عائد وأثر إيجابي متوقع من العملية التدريبية بمـا ينعكس إيجابيـاً عـلى تطوير أداء العاملين وكفاءة العمل بتلك المؤسـسات وأيضاً عمليـة تحديـد الاحتياجـات التدريبية والمسارات الوظيفية والتدريبية بشكل علمي ومنهجي هو الذي له أهمية بربط العلاقة بـين التدريب والمسار الوظيفي".

ولأن التدريب يعتني بتطوير قدرات المتدربين وإكسابهم مهارات ومعارف جديدة تنعكس إيجابياً عليهم وعلى المنظمات التي يعملون فيها، جـاءت الفكـرة نحـو تنظيمـه في المنظمات ضمن إطار مؤسسي يعرف بـ "المسار التدريبي للأفراد" والهدف هو:

- ترسيخ أهمية وقيمة التدريب في حياة المنظمة لدى مراكز القرار من خلال وثيقـة "المـسار التدريبي للأفراد"، للاستفادة من الطاقات الكامنة لـدى جميـع أفراد المنظمـة، للنهـوض والارتقاء بالمنظمة وكادرها، ولذلك فإن التـدريب موجـه لجميـع العـاملين عـلى مختلف مستوياتهم التنظيمية وضمن الحد الأدنى المقبول.

- ترسيخ أهمية وقيمة التدريب لدى العاملين في المنظمة بغض النظر عن تفاوت مستوى تأييد التدريب بينهم.

- يلزم المسار التدريبي الموظفين/ الأفراد المستهترين إلى المشاركة وعدم التهرب من التدريب، ويساعدهم التدريب على تغيير نمط تفكيرهم نحو الإيجابية بدلا من السلبية.

- يساعد المسار التدريبي العامل/الموظف الخجول أن يشارك في التدريب لتطوير نفسه من دون أن يطلب.

- يساعد المسار التدريبي الموظفين/ الأفراد الذين ينسون أنفسهم في غمرة العمل على تجديد معلوماتهم وتنشيطها وتطوير أنفسهم.

- ومن منافع المسار التدريبي، انه لكونه موجه نحو كافة أفراد المنظمة ومرتبط بالمسميات الوظيفية لا بالأشخاص، فأنه يمنع المحاباة ويعزز قيم العدالة في التدريب، ويحقق درجة من الرضا الوظيفي تساعد على منع الشللية ضد القائمين على التدريب أو الإدارة في هذا الجانب.

- العامل الوطني أو الإنساني: إن تطوير قدرات ومهارات ومعارف العامل/ الموظف من خلال التدريب له انعكاسات إيجابية على: (أ) البيئة المحيطة به، مثل: الزوج، الزوجة، الأبناء، الإخوة، الأصدقاء، الجيران، (ب) تعزيز مكانته الاجتماعية بالمهارات والمعارف والإمكانات التي استفادتها من التدريب.

أما عن علاقة تحليل وتوصيف الوظائف والتدريب، فكانت ملامحها كالتالي:

- أن تحليل الوظيفة يتطلب تدريب الباحثين الذين سوف يقوموا بدراسة وتحليل الوظائف، ومن هنا تكون بداية العلاقة بين التدريب وتحليل الوظائف.

- نتيجة التحليل للوظائف؛ معرفة الدورات التي يجب أن يحصل عليها الموظف أو الفرد في المؤسسة ليتم توثيقها في بطاقة الوصف الوظيفي.
- تهتدي إدارة التدريب في ضوء بيانات الدورات التدريبية في بطاقة الوصف الوظيفي بتحديد الاحتياجات التدريبية كأحد مداخل تحديد الاحتياجات التدريبية للموظفين الجدد.
- تهتدي إدارة التدريب في ضوء بيانات الدورات التدريبية في بطاقة الوصف الوظيفي بتحديد الاحتياجات التدريبية كأحد مداخل تحديد الاحتياجات التدريبية للموظفين المرشحين للوظيفة الأعلى.
- تهتدي إدارة التدريب في ضوء بيانات الدورات التدريبية في بطاقة الوصف الوظيفي بتحديد الاحتياجات التدريبية كأحد مداخل تحديد الاحتياجات التدريبية للموظفين الذين سوف يُنقلوا من مكان لأخر في نفس المستوى الوظيفي.

وانتقلنا إلى علاقة التدريب بالاستقطاب والاختيار والتعيين، والتي أسفرت عن:

- إن الفريق الذي يقوم باستقطاب الموارد البشرية لابد وان يكون على دراية تامة بمهارات البحث والحوار والتفاوض، فضلا عن فريق الاختيار الذي يقوم بالمقابلات الفردية مع المرشحين لشغل الوظائف الشاغرة؛ الذي ولابد أن يتوافر لدية مهارات إعداد وعقد المقابلات الوظيفية، ومن هنا تظهر أول ملامح العلاقة القوية بين التدريب والاستقطاب والاختيار؛ التي بدورها تثقل نلك المهارات مع كلا الفريقين السابقين.
- من المفترض أن يحدث عند التعيين - وباهتداء بنتيجة المقابلات الوظيفية - أن يتم تحديد الاحتياجات التدريبية للموظف الجديد.

وانتهينا بعلاقة التدريب بتقييم الأداء التي جاءت بان عملية (تقويم الأداء) أشبه ما تكون بعملية التشخيص الشامل لوضع الموظف والتعرف على مواطن القوة ومواطن الضعف لديه، ومن هنا تأتي أهمية التدريب) بصفته العلاج الذي عن طريقه يتم تعزيز مواطن القوة لدى الموظفين والتشجيع على استمرارها واستثمارها من جانب، والتعرف على مسببات مواطن الضعف لإصلاحها والوقاية منها من جانب آخر.

مراجع الفصل الثالث

أحمد ماهر، إدارة الموارد البشرية، مرجع سبق ذكره.

أماني محمد عامر، إدارة الموارد البشرية، غير مبين دار النشر وسنة النشر.

خبراء مركز الخبرات المهنية، إشراف علمي د. عبـد الـرحمن توفيـق، الإدارة الإسـتراتيجية للمـوارد البشرية، 2007.

عبد اللـه محمد دياب، إدارة الموارد البشرية، دار النور للنشر، 2010.

محمـود عبد الفتـاح رضوان، اسـتراتيجيات إدارة المـوارد البـشرية، المجموعـة العربيـة للنـشر والتوزيع، 2012.

محمود عبد الفتاح رضوان، مهارات التوصيف الوظيفي، المجموعة العربيـة للنـشر والتوزيـع، 2012.

عبد اللـه بن محمد المدهش على:

http://www.tadreebmag.org/showtopic.php?id=31

بتاريخ 2012/4/12.

الفصل

الرابع

الدليل التطبيقي

للتدريب في المنظمات

بقراءتك لهذا الفصل ستكون قادراًً على معرفة:

1- تصميم إستراتيجية التدريب.

2- تكييف استراتيجية التدريب مع دورة حياة المنظمة.

3- تحليل المتغيرات في بيئة المنظمة.

4- إطار خطة التدريب.

5- مشكلات تخطيط التدريب بالمنظمات العربية.

6- نموذج مختار لتطبيق التدريب.

الفصل الرابع

الدليل التطبيقي للتدريب في المنظمات [1]

تقديم:

بعد ما أن استعرضنا في الصفحات السابقة؛ الفرق بين التعليم والتعلم والتدريب، وأسس ومبادئ التدريب، وعلاقة التدريب بمنظومة الموارد البشرية، كان علينا ترجمة تلك الكلمات إلى واقع تطبيقي مهتدين بخبرات لعلماء وأساتذتنا بالإضافة إلى اختياري لنموذج تطبيقي لمنظومة تدريب، أراه من أفضل النماذج من خلال زياراتي للعديد من الدول العربية.

لهذا يستعرض هذا الفصل:

1- تصميم إستراتيجية التدريب.

2- تكييف استراتيجية التدريب مع دورة حياة المنظمة.

3- تحليل المتغيرات في بيئة المنظمة.

---

(1) تم الاعتماد في إعداد هذا الفصل على المرجع التالي: أحمد سيد مصطفى، إدارة الموارد البشرية: الإدارة العصرية لرأس المال الفكري، غير مبين دار النشر، 2010.

4- إطار خطة التدريب.

5- مشكلات تخطيط التدريب بالمنظمات العربية.

6- نموذج مختار لتطبيق التدريب.

1- تصميم إستراتيجية التدريب:

تنبع إستراتيجية التدريب - في جذورها - من رسالة المنظمة. وهذه الرسالة التي تجسد غرض المنظمة الرئيسي. فإن كانت منظمة حكومية فغرضها تقديم الخدمات المنوط بها - في مجالها - إلى جمهورها بالمستوى المناسب. وإن كانت منظمة أعمال فغرضها قد يتمثل في نشاط معين أو أكثر لتقديم منتج أو أكثر لقطاع معين أو أكثر من العملاء في سوق أو أسواق معينة.

ويتفرع عن رسالة المنظمة أهدافها الاستراتيجية، أي الأهداف طويلة المدى وهذه قد تتمثل في قدر معين من التوسعات، أو نسبة معينة من الأرباح على رأس المال المستثمر، أو دخول أسواق جديدة، أو التوسع في أسواق قائمة، أو خفض التكلفة. وهذه الأهداف لا يتسنى أن تتحقق على المدى الطويل أو حتى القصير دون توافر عناصر بشرية مؤهلة تسهم في بلوغها.

ولأن الأهداف الإستراتيجية لن تتحقق من تلقاء نفسها، فيتعين تصميم إستراتيجية لكل هدف والإستراتيجية لن تتحقق من تلقاء نفسها، فيتعين تصميم إستراتيجية لكل هدف. والإستراتيجية هي خطة عمل شاملة طويلة المدى. أو أقل أنها منهج عمل شامل تنهجه الإدارة على مدى زمني طويل نسبيا (حول 5 سنوات) لبلوغ هدف محدد أو أهداف مخططة.

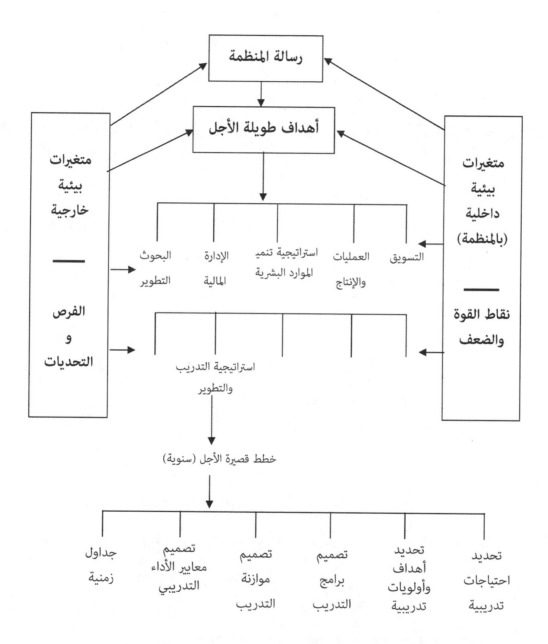

شكل (1-4): إستراتيجية التدريب ضمن استراتيجيات المنظمة

وتتعدد الاستراتيجيات الوظيفية بالمنظمة ليضم إطارها إستراتيجية التدريب وهذه الإستراتيجية هي نقطة البدء في تصميم خطة التدريب. فالإستراتيجية - كخطة طويلة المدى - تجزأ إلى خطة سنوية أقصر أمدا. وخطة التدريب لعام معين ما هي إلا إحدى هذه الخطط.

ويوضح الشكل السابق (4-1) أصول ومصادر إستراتيجية التدريب، وعلاقتها باستراتيجيات وأهداف المنظمة:

تقوم إستراتيجية التدريب النابعة من الأهداف طويلة الأجل أو الأهداف الاستراتيجية للمنظمة على إدراك التوجهات الإستراتيجية في كل من الوظائف الرئيسية للمنظمة: التسويق والعمليات والإنتاج والموارد البشرية والإدارة المالية، والبحوث والتطوير فتستلهم هذه التوجهات وتترجمها إلى نقاط قوة ونقاط ضعف، وإلى توقعات لاحتياجات وبرامج تدريبية. وتدخلها ضمن هيكل المعلومات اللازم لتحديد الاحتياجات التدريبية.

والمخطط الاستراتيجي للتدريب في سعيه لتحديد الاحتياجات التدريبية يتعين ألا يغفل تأثير المتغيرات في البيئة الداخلية للمنظمة مثل التوسعات أو التقلصات في حجم النشاط أو إعادة تصميم الهيكل التنظيمي، أو التطوير في التجهيزات الآلية أو برامج النقل والندب، والترقيات. كما أنه يقرأ المتغيرات البيئية الخارجية المحلية والعالمية:

1- السوقية مثل المنافسة المحلية وتحالفات شركات منافسة محليا أو إقليميا أو عالميا.

2- التشريعية في مجالات مثل الجودة وتوظيف أو توطين العمالة (إعطاء الأولوية لتشغيل العمالة الوطنية) وتلوث البيئة.

3- السياسية، والاقتصادية مثل اتفاقيات الجات والتكتلات الإقليمية، والمتغيرات الفنية مثل النظام العالمي الجديد للجودة (أيزو 9000 / 2000)، كمدخلات هامة لعملية تحديد الاحتياجات التدريبية على المدى المتوسط والطويل.

هذا وتجزأ الخطة الإستراتيجية للتدريب (الخطة طويلة الأجل) إلى خطط سنوية أقصر

أمداً. حيث تتضمن كل منها:

1- تحديداً للاحتياجات التدريبية.

2- تصميماً لأهداف وأولويات التدريب.

3- ترجمة الأهداف التدريبية إلى برامج تدريبية.

4- تصميم موازنة التدريب لتقابل وتغطي - بقدر الإمكان - البرامج المخططة.

5- تصميم معايير تقييم الأداء التدريبي.

6- الجدولة الزمنية.

2- تكييف استراتيجية التدريب مع دورة حياة المنظمة:

من ناحية أخرى يتعين تكييف إستراتيجية التدريب مع الإستراتيجية المرتبطة بدورة حياة المنظمة، وهي استراتيجيات النمو، الاستقرار أو الانكماش. حيث يتعين التركيز مع كل من هذه الاستراتيجيات على تلمس الاحتياجات التدريبية الأكثر إلحاحاً.

ترتبط استراتيجيات النمو بتوجهات المنظمة نحو التوسع مثل إضافة نشاط جديد أو خط إنتاج جديد أو أكثر أو منتج جديد أو أكثر، أو شراء شركة أخرى تمارس نشاطاً مختلفاً. وهنا يتعين على المخطط الاستراتيجي للتدريب تحديد احتياجات تدريبية للأجل المتوسط والطويل في مجالات حاكمة مثل التخطيط الاستراتيجي ومهارات التفاوض ودراسات الجدوى وإدارة المشروعات وإدارة المشتريات الرأسمالية، والتخطيط للمنتجات الجديدة.

أما استراتيجيات الاستقرار والمرتبطة بتوجهات المنظمة أو الإدارة نحو تحقيق استقرار نسبي في المبيعات والإيرادات والأرباح، فتتمثل في تنويع المنتجات والتركيز على نشاط جديد واعد، وإعادة التنظيم، أو إعادة تكوين المزيج التسويقي. وتتطلب

هذه الاستراتيجيات تحديداً للاحتياجات التدريبية في مجالات مثل إدارة التغيير ومهارات الابتكار، ومهارات التخطيط الاستراتيجي للتسويق.

وأما إستراتيجية الانكماش، والتي ترتبط باتجاه الإدارة نحو تحسين استغلال الموارد وخفض التكلفة لمواجهة متغيرات سوقية معاكسة، فتتطلب أن تراعي استراتيجية التدريب - على المدى المتوسط والطويل - تحديد احتياجات تدريبية في مجال دراسة التكلفة والعائد وترشيد التكاليف، والتفاوض (لاسيما لإدارة عمليات البيع التي قد تشمل أحد أو بعض أصول المنظمة).

كذلك يتضمن الإطار العام لاستراتيجيات المنظمة، استراتيجيات تنافسية مثل إستراتيجية التميز Differentiation بتمييز المنتج في التصميم، أو الجودة أو السعر أو مواعيد التسليم ويتطلب هذا تعزيز القدرات في مجالات التصميم وهندسة الإنتاج وضبط وتشغيل الآلات والمعايرة، وقياس الجودة وهناك أيضا استراتيجية خفض التكلفة والتي تتطلب تعزيز القدرات في مجالات تصميم نظم التكاليف وقياس وتحليل التكاليف وتحليل التكلفة والعائد، والإدارة المتقدمة للمشتريات والمخازن وما إلى ذلك.

ويتعين أن تقوم خطة التدريب على عدة أسس أو تتكامل معها. وأهم هذه الأسس هي:

أ - تحليل المتغيرات في بيئة المنظمة الداخلية والخارجية.

ب- التكامل مع برامج الاختيار والتعيين.

ج- التكامل مع برامج تخطيط المسار الوظيفي.

د- التكامل مع برامج النقل والترقية.

هـ- التكامل مع سياسات تقييم الأداء.

و- التكامل مع سياسات الحفز.

3- **تحليل المتغيرات في بيئة المنظمة:**

مع التسليم بوجود ثوابت، إلا أن شيئا قد حـال في بيئـة المنظمـة فالثوابت التـي قد تتمثل في هيكل أنشطة المنظمة ومزيج منتجاتها لا تلبث أن تتغير وفي هيكل أنشطة المنظمة نجد الهيكل التنظيمي باختصاصاته الوظيفية، ومهـام الأفراد والمجموعـات. ويتكامل مـع ذلك مزيج المنتجات الذي يتطلب أنشطة ومهام يتعين أن تـؤدى مـن خـلال عـاملين مـؤهلين مـن حيث القدرات والسمات السلوكية التعاملية.

وفي مجال المتغيرات في البيئة الداخلية للمنظمة، تستجد أمور مثل:

أ - إضافة أنشطة جديدة أو إلغاء أنشطة قائمة.

ب- إضافة منتج جديد أو أكثر أو إسقاط منتج قائم أو أكثر.

ج- الاتجاه للتحالف أو التعاون مع منظمة أخرى.

د- إعادة تنظيم، تتطلب استحداث وظائف جديدة أو معالجة عمالة زائدة بنقلها لوظائف أخرى من خلال تدريب تحويلي.

هـ- إحلال خط إنتاج جديد أو أكثر بخصائص مختلفة.

و- إعادة تصميم وظائف.

ز- إعادة تصميم طرق عمل.

كما يتطلب الأمر تحليلاً خاصاً في البيئة الخارجيـة للمنظمة. وهنا يـشمل التحليل عـدة متغيرات أهمها:

1- **البيئة الاقتصادية:**

فهذه البيئة - سواء جَسدتْ متغيرات محليـة أو عالميـة - تـؤثر في تحديد مخصصات أو موازنة التدريب. إذ أنها تؤثر من خـلال مـستويات الأسعار ومعدلات التضخم عـلى تكلفـة مستلزمات التدريب، وعناصرها المتعددة، مثل:

• تكلفة مبني التدريب أو المباني التدريبية.

- تكلفة تجهيزات تدريبية رأسمالية لاسيما المعينات السمعية والبصرية.
- أتعاب المدربين.
- العدد الذي يمكن ترشيحه من المتدربين للبرامج المخططة، على ضوء متوسط تكلفة المتدرب.
- حوافز المتدربين، مثل بدلات السفر والإعاشة، وجوائز أوائل خريجي البرامج.
- تكلفة السفر والانتقال.
- تكلفة صيانة تجهيزات التدريب.

من ناحية أخرى فهناك مؤثرات هامة للمتغيرات البيئية الاقتصادية. فزيادة حجم الإنفاق الحكومي يسهم في الرواج وانتعاش السوق ومِنْ ثَمَّ زيادة حجم الطلب على السلع والخدمات ويبدو هذا واضحاً بشكل خاص في الدول العربية الخليجية. الأمر الذي يترجم للحاجة لعمالة إضافية تحتاج بدورها للتدريب.

2- البيئة الفنية (التكنولوجية):

حيث يتطلب أي تغيير في تجهيزات أو طرق الأداء - إما لمواجهة المنافسة المحلية أو الخارجية أو للتوافق مع متطلبات الأيزو أو للتطوير بشكل عام - يتطلب تغيرا مواكباً ومسبقاً في اتجاهات ومعارف ومهارات العاملين. فمثلا عبر مراحل التحول من الآلة الكاتبة العادية إلى الآلة الكاتبة الكهربائية ثم إلى الحاسب الآلي. كل من هذه المراحل تطلبت تدريباً مسبقاً لجعل العاملين أو العاملات يستوعبون هذا التجديد في التجهيزات كما أن التحول من الأداء اليدوي إلى التشغيل بالحاسب الآلي في مجالات متعددة (بنوك، منظمات صناعية / تجارية... الخ) يتطلب تدريباً مسبقاً يركز على تطوير الاتجاهات والمفاهيم والمهارات في هذا المجال.

لقد أدى الاستخدام المتزايد لتكنولوجيا المعلومات في الإدارة الإلكترونية لحاجة متزايدة لتدريب مكثف للعاملين على مهارات استخدام تكنولوجيا المعلومات

في العديد من المجالات مثل التسويق الإلكتروني وتصميم وإنتاج المنتجات باستخدام برامج الحاسب، كذلك كانت حاجة البنوك لتدريب عامليها للتكيف مع الاستخدام المتزايد للعمليات المصرفية الإلكترونية محلياً وعالمياً ولتصميم وتطوير خدمات مصرفية جديدة تقوم على استخدامات الحاسب الآتي.

كذلك يتطلب التغيير في نظام العمل، من حيث استحداث طريقة أو أسلوب جديد، أو تبسيط الإجراءات، أو تعديل الدورة المستندية، يتطلب تدريباً مسبقاً لتأهيل العاملين على صيغة أو صيغ الأداء الجديد.

3- البيئة السوقية:

لعل أهم ظواهر البيئة السوقية هي المنافسة. فكلما زادت حدة المنافسة زاد توجه المنظمة نحو رفع الجودة أو خفض التكلفة أو تقليل وقت التشغيل لتهيئة خدمة سريعة للعملاء. وإحراز تقدم في أي من هذه المجالات يتطلب تكثيفا لجهود التدريب وموازنته، واستنباطاً لمزيج أفعل من الوسائل والتجهيزات التدريبية بما يحقق هذه الأهداف. من ناحية أخرى فإن الابتكار كأحد سبل رفع الجودة وخفض التكلفة، يتطلب - ضمن ما يتطلب - برامج تدريبية تهيئ وتصقل - إضافة لمهارات الابتكار - مهارات إدارية مساعدة على الابتكار في مجالات: تصميم المنتجات الجديدة وتطوير تلك القائمة، وتطوير نظم العمل وتبسيط الإجراءات، وعلى غدارة الوقت وضغوط العمل، وما إلى ذلك من مهارات لأزمة لتعزيز القدرة التنافسية لكل من المنظمة والمدير.

مثال من واقع الصناعة المصرفية:

يقصد بالصناعة المصرفية، البنوك العاملة في سوق معين. إن الإدارة في البنوك مطالبة بأن تتحلي بعيني الطائر، فترى أبعد وأوسع ترى في المتغيرات العالمية - على سبيل المثال - ما تسفر عنه اتفاقيات بأزل لتحديد الملاءة المالية للبنوك والحد الأدنى

لرأس المال ومعالجة المخاطر المصرفية وانعكاسات ذلك من حيث الحاجة لكفاءات فنية مصرفية عالية. وترى التطور التكنولوجي السريع في سباق بنوك عالمية لتقديم تكنولوجيا مصرفية عالية والتنافس بها، وترى المتطلبات التي تفرضها منظمات عالمية لمكافحة غسيل الأموال وما يستلزمه ذلك من تهيئة كفاءات مصرفية قادرة على تلبية تلك المتطلبات. وترى التوسع في استخدام التجارة الإلكترونية والأداء الإلكتروني في التحويلات المالية والخدمات الاستثمارية وما يتطلبه ذلك من كفاءات قادرة على التوافق مع متطلبات العملاء في هذا الصدد.

كما أنها - في الدول العربية الخليجية - مطالبة بالتوافق مع الاتجاه الحكومي لتوطين العمالة، من حيث تعيين وتدريب العمالة المواطنة. ومع تزايد تواجد المرأة في مجالات النشاط الاقتصادي ومتطلبات البيئة الثقافية الاجتماعية بإنشاء فروع للتعامل مع النساء ومِنْ ثَمَّ تدريب عناصر نسائية قادرة على إدارة هذه الفروع وخدمة العميلات بها.

إنها متغيرات بيئية جديرة بالرصد. فإذا لم تر الإدارة في البنوك هذه المتغيرات أو لم تستجب لها عند تصميم الخطة التدريبية فإنه لن تقوى على إعداد رأس المال البشري من مديرين وعاملين، الذي يمثل دعامتها في منافسة فاعلة.

4- إطار خطة التدريب:

يشمل إطار الخطة التدريبية المراحل التالية:

(أ)   تحديد الاحتياجات التدريبية:

تتمثل الاحتياجات التدريبية في الفرق بين مستوى الأداء الفعلي ومستوى الأداء المرغوب لدى عدد أو أعداد من العاملين في موقع أو مستوى تنظيمي أو أكثر. بحيث يؤدي سد هذه الاحتياجات لتحسين الأداء أو معالجة مشكلات قائمة.

ويمكن تصنيف الاحتياجات التدريبية إلى:

1- تطوير أو تحديث معلومات أو معارف.

2- تنمية مهارات إدارية أو فنية.

3- تطوير اتجاهات وسلوكيات.

4- تعزيز نقاط قوة وعند تحديد الاحتياجات التدريبية يتعين ترتيبها من حيث أهميتها
وأولوياتها لاسيما إن كانت مخصصات موازنة التدريب تقصر عن تلبية كل الاحتياجات،
أو حالت دون ذلك أسباب إدارية أو فنية أخرى.

ويقوم تحديد الاحتياجات التدريبية على عدة أسس أهمها:

1- تحليل أهداف المنظمة، وما تتطلبه أنشطة تنفيذها من قدرات بشرية. وفي ضوء أهداف
المنظمة يجري تصميم أهداف إدارة التدريب من حيث إعداد وتطوير العناصر البشرية
القادرة على الوفاء بأهداف المنظمة.

2- تحليل الأفراد (دراسة القدرات والمؤهلات والدوافع والاتجاهات ومعدلات الإنتاجية
والغياب، الخ) لتحديد مدى كفايتها لدي كل شخص في أدائه لدوره المسهم في تحقيق
أهداف إدارته، ومِنْ ثَمَّ في تحقيق أهداف إدارته، ومِنْ ثَمَّ في تحقيق أهداف المنظمة)
ومِنْ ثَمَّ تحديد من يحتاج للتدريب وعلى ماذا سيتدرب؟

3- تحليل التنظيم (مدى وضوح الأهداف والاختصاصات أو المهام) ومدى الاتجاه لاستخدام
تقسيمات أو مستويات تنظيمية جديدة أو تعديل في اختصاصات وظيفية قائمة، لتحديد
أين أو في أي الوحدات التنظيمية يتطلب الأمر تدريباً، وعلى ماذا؟

4- تحليل المنافسة ودرجة حدتها في مجالات مثل الجودة والسعر، وخدمات ما قبل أو بعد
البيع وفي السوق أو الأسواق المستهدفة.

5- تحليل الوظائف من حيث طبيعة الأعمال وظروف الأداء ومتطلباته من قدرات.

6- استقصاء آراء العاملين والعاملات بشأن رؤاهم في احتياجاتهم التدريبية.

7- استقصاء آراء الرؤساء بشأن نقاط الضعف لدي مرءوسيهم.

8- تحليل تقارير تقييم الأداء للتعرف على نواحي القصور التي تمثل احتياجات تدريبية.

9- تحليل تقارير التفتيش بشأن نقاط قوة أو ضعف العاملين.

10- تحليل الشكاوي المقدمة من عاملين ضد رؤسائهم أو زملائهم أو مرءوسيهم أو تلك المقدمة من عملاء المنظمة ضد موظفيها.

11- تخطيط الموارد البشرية من حيث عدد الذين سيعينون أو ينقلون أو ينتدبون أو يرقون، مِنْ ثَمَّ الاحتياجات التدريبية لكل تقسيم.

12- تحليل تقارير تقييم التدريب السابقة، للتعرف على مدى اكتمال سد الحاجات التدريبية.

13- تحليل تجهيزات الأداء وأوجه التطوير المخططة بها وما تتطلبه من قدرات جديدة.

14- تحليل مؤشرات مثل الغياب والتمارض ومعدل دوران العمالة، وحوادث وإصابات العمل، ومسبباتها التي ترجع لقصور في الاتجاهات أو القدرات من جانب العاملين أو ورؤسائهم أو زملائهم.

15- تحليل التكاليف الفعلية ومدى اتفاقها مع معدلات التكلفة المعيارية.

16- الملاحظة الميدانية للعاملين والعاملات من حيث أسلوب الأداء والتعامل مع الرؤساء والزملاء، أو العملاء.

هذا ويمكن الجمع بين أكثر من أسلوب من الأساليب السابقة لتحديد الاحتياجات التدريبية.

(ب) ترجمة التحديات لاحتياجات تدريبية:

ولا يختلف اثنان إن بلوغ أسباب الجودة الشاملة يعد تحدياً، وأملاً في آن واحد إن التحول من نظام إداري قاصر جزئيا عن بلوغ الجودة الشاملة، إلى نظام أفعل يحقق متطلباتها يمثل عبوراً أو سداً لفجوة موجودة لدي بعض منظماتنا العربية، سواء كانت منتجة لسلع أو لخدمات. لاسيما وان تحدي الجودة يزداد حدة مع بداية تنفيذ الاتفاقية العامة للتعرفة والتجارة (الجات) وانفتاح الأسواق أكثر وأكثر مع تحرير التجارة العالمية. وتزايد حدة المنافسة.

ويتطلب عبور الفجوة الحالية في مجال الجودة، تخطيطاً استراتيجياً يتضمن تخطيطاً للاحتياجات التدريبية لمواجهة ومواكبة متغيرات تكنولوجية مؤثرة. وإذا أخذنا تحدي مضارعة جودة المنتجات المنافسة كمتغير خارجي، فيمكن أن يمثل بدوره أساساً هاماً لتحديد الاحتياجات التدريبية.

ونظرا لأن مدخل إدارة الجودة الشاملة يشمل تطويراً لكافة مجالات الأداء بكل الوحدات والمستويات التنظيمية، فإن تحدي الجودة يمكن أن يكون مصدراً أو أساساً مع الأسس سالفة الذكر (وإضافة لتحليل خصائص المنتجات المنافسة) لتحديد فاعل للاحتياجات التدريبية. وهذا التحديد بدوره يمثل أساساً ومنطلقاً لتصميم أهداف تدريبية تترجم إلى برامج تدريبية في تصميم مجالات مثل: تصميم المنتجات الجديدة ومهارات تحليل الموردين وتقييم عروضهم وتصميم تجارب الجودة، والطرق الإحصائية في مراقبة الجودة، وتحليل تكاليف الجودة، والأساليب الكمية في جدولة العمليات، وأسس تشغيل التجهيزات الآلية، ومهارات الصيانة، ومهارات استخدام وصيانة أجهزة اختبار الجودة. وللإدارة العليا، يمكن تصميم برامج في مجالات مثل: التخطيط الاستراتيجي، وإدارة الجودة الشاملة، وبناء وتطوير فرق العمل (تمثل فرق العمل جوهر إدارة الجودة الشاملة)، وإدارة حلقات الجودة باعتبارها سبيلاً هاماً لتعزيز فاعلية الأداء الجماعي.

(ج) تصميم الأهداف التدريبية:

تـشتق أهـداف التـدريب مـن تحديـد الاحتياجـات التدريبيـة. أو أقـل أن الاحتياجات التدريبية تترجم إلى أهداف تدريبية. فإذا أسفر تحديد الاحتياجات التدريبية لمجموعة مـن العاملين بالبيع عن حاجتهم لمهارات إجراء المقابلة البيعية فإن هذا الاحتياج يترجم إلى تهيئـة قدرات التخطيط والتنفيذ الناجح للمقابلات البيعية لـدى موظفي المبيعـات الجـدد وبفـرض دقة تحديد الاحتياجات التدريبية فإن قصور تصميم أهداف التـدريب قـد يكون مـسماراً في نعش الجهد التدريبي. فهذه الأهداف هي بمثابة معايير لتقييم النشاط التدريبي.

لذلك يتعين مراعاة عدة خصائص في صياغة الأهداف التدريبية هي:

1- أن يكون الهدف في صيغة كمية بقدر الإمكان، ليمكن قياس مدى تحققه. مثلا: تـدريب 28 من رؤساء الأقسام الفنية على مهارات الإشراف.

2- أن يكون للـهدف إطاراً زمنياً محدداً فيسهل قياس مدى تحققه خلال فترة معينة. فمثلا الهدف السابق يمكن إكمال صياغته كما يلي: "تدريب 28 من رؤساء الأقسام الفنية علـى مهارات الإشراف خلال النصف الأول من العام القادم".

3- وضوح الهدف للمنفذين مـن طاقم جهـاز التـدريب، وللمعنيين بـه أيـضا مـن مـديري الإدارات ورؤسـاء الأقسام الـذين يتـأثر مرشـحوهم بالهـدف التـدريبي أو الأهـداف التدريبية.

4- ديمقراطية الهدف. بمعنى أن يتشارك مدير التدريب والعـاملون معـه، والرؤسـاء (الـذين يرشحون مرءوسوهم) في صياغة الهدف. وعندما يكون الهدف مـشتركاً ومقبـولاً جماعيـاً، يتكاتف أصحاب المصلحة على حسن تصميمه وتنفيذه ومتابعته.

5- أن يكون الهدف عملياً معقولاً، وليس حالماً أو خيالياً. فكلما تناسب الهـدف مـع المـوارد المتاحة، مالياً وبشرياً ومادياً كان أكثر عملية وواقعية، والعكس صحيح.

ويمكن تحديد أهم أهداف التدريب فيما يلي:

1- تكوين وتنمية وصقل معارف ومهارات الأفراد بما يتناسب مع احتياجاتهم التدريبية ويسهم في تحقيق أهدافهم وأهداف المنظمة.

2- تذكير العاملين بأساليب الأداء، وتعريفهم أولاً بأول بالتغيرات والتعديلات التي تدخل عليها، وبأسلوب استدام ما يستحدث من أدوات أو أجهزة أو آلات.

3- خلق صف ثانٍ مؤهل يمكن الاعتماد عليه في تفويض السلطة وتحقيق لا مركزية الأداء، وفي الحلول محل القيادة التي تتقاعد أو تنتقل لمواقع أخرى.

4- تطوير سلوكيات الأفراد والجماعات - على اختلاف مستوياتهم التنظيمية باستخدام مزيج متكامل المداخل للتدريب مع مدخل التطوير التنظيمي، بما يسهل من معالجة المشكلات والمواقف المتغيرة على المدى القصير والمتوسط والطويل.

5- زيادة الإنتاجية والقيمة المضافة بتقليل الفاقد في المواد أو الخامات وفي ساعات العمل، كنتيجة لارتفاع كفاءة الأداء، وتحسن أنماط السلوك.

6- الإسهام في إعادة التوازن النوعي والعددي لهيكل العمالة. فإذا حدث فائض في العمالة في تخصص أو قطاع معين، يمكن من خلال التدريب التحويلي - تأهيلهم لتخصص أو تخصصات أخرى حيث يسد بهم العجز فيها.

7- تقليل وقت أداء الخدمة، في المنظمات الخدمية، وتحسين أساليب التعامل مع العملاء مما يرفع درجة رضائهم عن المنظمة ومنتجاتها، ويحسن صورتها في أذهانهم. ويدعم مركزها التنافسي.

8- التمهيد لإعادة التنظيم الإداري والتطوير التنظيمي، من خلال تنمية المهارات وترشيد السلوكيات لتتناسب مع مستويات وتخصصات وأساليب تنظيمية جديدة.

(د) تصميم برامج التدريب:

يجيء تصميم البرامج التدريبية كترجمة للأهداف التدريبية. فكل هدف تدريبي يتمثل في سد احتياج تدريبي أو أكثر بتعزيز قدرات أو تطوير اتجاهات وسلوكيات في مجال معين، يؤدي لتصميم برنامج محدد أو أكثر يغطي - بعناصره - الاحتياج التدريبي المخطط.

وتتمثل أهم عناصر البرنامج التدريبي في:

1- هدف أو أهداف البرنامج.

2- الفئة المستهدفة بالبرنامج.

3- إطار موضوعات البرنامج (المادة التدريبية) والذي لا يجب أن يكون تقليدياً منقولاً من برنامج سابقة، بل يكون متطوراً مسايراً للمستجدات في بيئة المنظمة ومخاطبا للتحديات التي تواجهها.

4- أساليب التدريب المنسجمة مع أهداف وطبيعة موضوعات البرنامج والتي يجب ألا تكون تقليدية، بل شامل للأساليب الأحدث مثل التدريب بالحاسب والتدريب عن بُعد والسلوك النموذجي.

5- وسائل الإيضاح السمعية والبصرية المنسجمة مع ما تقدم في البندين (ج، د).

6- جدول موضوعي لا يضغط عنصراً من عناصر البرنامج أو يطيل آخر. بل يساعد على تكريس الاهتمام بكل عنصر بما يتناسب مع وزنه أو أهميته النسبية ضمن إطار عناصر البرنامج ككل.

(هـ) تصميم موازنة التدريب:

يتطلب تنفيذ أي مشروع تدريبي تمويلاً مناسباً. وموازنة التدريب تحدد قدر ما يخصص من أموال لتمويل النشاط التدريبي من حيث الإنفاق الرأسمالي (في حالة وجود مركز تدريب بالمنظمة) أو الإنفاق الجاري (التشغيلي) التدريبي.

ويشمل الإنفاق الرأسمالي مجالات مثل تكلفة الأرض لمبنى مركز التدريب وتكلفة إنشاء المبنى وتكلفة تجهيزه بتجهيزات التدريب أو تجهيزات الفندقة جزئيا أو كليا وتكلفة الإحلال والتجديد بينما يشمل الأنفاق الجاري عناصر متعددة مثل: أجور طاقم التدريب، وتكلفة السفر والانتقال وبدلات السفر والإعاشة للمتدربين، وتكلفة استئجار قاعات فندقية وتكلفة صيانة تجهيزات التدريب وتكلفة عامة وإدارية.

على أن يسترشد في تحديد موازنة التدريب بعدة اعتبارات، مثل: عدد البرامج المستهدف تنفيذها ومتوسط عدد المرشحين بكل برنامج ومتوسط مدة البرنامج التدريبي وموقع تنفيذ البرنامج (بمركز تدريب المنظمة / بمركز محلي / بمركز خارجي) ومرتبة وخبرة المدربين التي تؤثر في تكلفة أتعابهم.

(و) تحديد معايير ترشيح المتدربين:

مما يساعد على ضمان فاعلية ونجاح التدريب، أن تحدد معايير موضوعية لترشيح من يبتعثون إلى البرامج التدريبية وتتعدد هذه المعايير لتشمل بعض أو كل المعايير التالية، حسب الحالة مثل: مدة الخدمة وطبيعة ومجال الخبرة والمؤهل والسن والتخصص الوظيفي والمستوى الإداري أو التنظيمي الحالي والمستوى الإداري أو التنظيمي المتوقع ومدى إجادة لغة معينة أو أكثر، إن كان البرنامج بلغة أجنبية، أو كانت بعض مواده التدريبية بلغة أجنبية والمتطلبات السابقة. فمثلا لا يرشح فرد لبرنامج في التفاوض بينما لم يحضر برنامجاً في مهارات الاتصال.

5- مشكلات تخطيط التدريب بالمنظمات العربية:

رغم الأهمية البالغة للتدريب في تحسين وتعزيز الأداء الفردي الجماعي وتحقيق وتنمية فاعلية المنظمة وقدراتها التنافسية، ورغم وجود منظمات عربية متميزة في اهتمامها بالتدريب، فإن مشكلات ونواحي شتى للقصور تظهر في هذا الصدد، أهمها:

1- قصور اهتمام عدد غير قليل من المديرين - في مستوى الإدارة العليا والوسطى - بالتدريب، واعتباره كماليات إدارية.

2- ضآلة المخصصات المالية التي ترصد للتدريب. والمسارعة - عند قصور الموارد المالية للمنظمة إلى البدء بالاستقطاع من مخصصات التدريب قبل أي مخصصات أخرى وفي حالات أخرى تتحدد هذه المخصصات وفقا لمدى قرب مدير التدريب من صانع أو صناع القرار في المنظمة.

3- اتجاه بعض المديرين لاستخدام الإيفاد للتدريب كمكافأة لمن يودون مجاملته (تدريب للسياحة) أو للتخلص من موظف مشاغب أو للتخلص من فائض في موازنة التدريب، دون أن يكون الهدف هو سد لاحتياجات تدريبية حقيقية.

4- إعداد خطة التدريب بشكل غير سليم فإما تكون منقولة عن منظمة أخرى أو تكون كخطة العام الماضي أو وليدة اجتهاد شخصي ممن يدير التدريب لا تسنده أية معلومات أو أسس موضوعية.

5- عدم تكريس جهد كاف لتحديد الاحتياجات التدريبية، مما يؤدي لإيفاد متدرب لدورة لا يحتاجها وحرمان من يستحقها منها. إن ما نشهده أحياناً من ابتعاث متدرب لبرنامج لا يناسب احتياجاته أو لا يتناسب مع خلفيته المهنية أو مستواه التنظيمي، لهو مسمار في نعش الجهد التدريبي. فلا المتدرب استفاد، ولا نعم المدرب بتفاعل المتدرب معه، ولا استفادت المنظمة. بل أنه مالٌ قد أنفق دون عائد وقد يكون مرشحاً آخر له حاجة ماسة للبرنامج قد حُجبتْ عنه فرصة تدريبية لازمة. لذلك فإن تخطيط التدريب لا يكتمل إلا بتحديد موضوعي واضح، ودقيق لمعايير ترشيح المتدربين.

جدول (4-1): التغيير ضروري في الأداء التدريبي

من	إلى
1-التخطيط لبرنامج تدريب الشهر القادم أو السنة القادمة.	تخطيط تدريبي استراتيجي للتكيف مع متغيرات فنية + اقتصادية + سياسية + تشريعية + تنافسية + تنظيمية.
2- لا تحديد أو تحديد قاصر للاحتياجات التدريبية.	تحديد للاحتياجات التدريبية يقوم على: تحليل: التنظيم، الوظائف، العاملين، والعاملات، المنافسة، تقارير التقييم، والمؤشرات الإدارية والفنية.
3- لا أهداف أو أهداف تدريبية فضفاضة	أهداف تدريبية موضوعية محددة وعملية تصمم على ضوء الاحتياجات التدريبية.
4- موازنة تدريب تتحدد وفقاً لما تبقى من أبواب الموازنة، أو وفقاً لشطارة مدير التدريب.	موازنة تدريب موضوعية تغطي احتياجات وبرامج التدريب ومتطلباتها.
5- نشاط تدريبي لا يتكامل مع وظائف المنظمة (تسويق، إنتاج، إدارة مالية، إدارة موارد بشرية، وبحوث تطوير)	نشاط تدريبي منسجم ومتكامل مع كافة وظائف المنظمة، ومساعداً على فاعليتها وكفاءتها.
6- نشاط تدريبي يهتم بمجرد تنفيذ برامج تدريبية محلية وابتعاث متدربين لبرامج خارج المنظمة، واستهلاك مخصصات التدريب.	نشاط تدريبي يستهدف تعزيز الاستراتيجية التنافسية مثل (1) تحسين الجودة، (2) خفض التكلفة، (3) التميز. وفي المنظمات الحكومية: خفض التكلفة وتحسين جودة الخدمة.
7- برامج تدريبية منقولة عن برامج سابقة.	برامج تدريبية - تستلهم الاحتياجات التدريبية. - مبتكرة ومتطورة مع تطور المتغيرات في بيئة المنظمة الداخلية، والخارجية.

6- نموذج مختار لتطبيق التدريب [1]:

يقوم على الآتي:

(أ) ضوابط إعداد الخطة:

1- يجب على كافة الجهات الحكومية تقديم خطط التدريب الخاصة بها قبل شهرين من بداية السنة المالية من كل عام إلى لجنة تدريب وإبتعاث موظفي الخدمة المدنية.

2- يجب مراعاة عدم تعدد الخطط عن الجهاز الواحد بحيث تعد خطة واحدة عن كل جهاز حكومي له ميزانية مستقلة في الميزانية العامة للدولة.

3- في حالة عدم كفاية صفحات النموذج للمعلومات المطلوبة تستخدم نماذج مماثلة تلحق بالنموذج الأساسي.

4- تستخدم الآلة الكاتبة لتعبئة هذا النموذج.

(ب) خطوات إعداد الخطة:

1- يقوم المسؤول عن إعداد خطة التدريب بإعداد نموذج (داخلي) لحصر الاحتياجات التدريبية لمنسوبي الجهاز على أن يكون متفقاً مع ما تضمنه نموذج الخطة من معلومات.

2- إرسال هذا النموذج لمديري الإدارات ورؤساء الأقسام بالجهة مع تزويدهم بالدورات التدريبية التي تتفق واختصاص كل إدارة أو قسم والمنفذة بكل من معهد الإدارة العامة والمؤسسة العامة للتعليم الفني والتدريب المهني والمراكز التدريبية الأخرى في المملكة، وكذلك ما يتوفر من دورات تدريبية بالخارج حتى تساهم في قيامهم بتحديد الاحتياجات التدريبية لمنسوبيهم.

---

(1) وزارة الخدمة المدنية السعودية.

3- تجميع النماذج سالفة الذكر بعد تعبئتها من مديري الإدارات ورؤساء الأقسام ومراجعتها للتأكد من صحة المعلومات الواردة بها.

4- تفريغ المعلومات بعد استكمالها في نموذج الخطة ورفعه إلى لجنة تدريب وإبتعاث موظفي الخدمة المدنية بعد التوقيع عليه مِنْ المسؤول الأول في الجهاز أو من ينوب عنه.

(ج) تعليمات تعبئة حقول خطة التدريب:

1- اسم البرنامج: يدون باللغة العربية، وباللغة الأجنبية التي يعقد بها البرنامج إذا كان ذلك ممكناً بالنسبة للبرامج التدريبية الخارجية.

2- نوع التدريب: فني، إداري، مهني.

3- أسلوب التدريب: نظري، عملي، نظري وعملي معاً.

4- مستوى التدريب: متقدم، متوسط، مبتدىء.

5- مكان التدريب: يذكر اسم المدينة التي سيقام فيها التدريب إذا كان التدريب داخل المملكة، واسم الدولة إذا كان التدريب في الخارج.

6- أهداف التدريب: يجب أن تحقق البرامج التدريبية التي تدرج في الخطة المقترحة لتدريب منسوبي الجهات الحكومية أحد الأهداف التالية:

- إعداد المتدرب لتولي وظيفة شاغرة أو مشغولة بمتعاقد.
- رفع مستوى الأداء بالتدريب على أسلوب عمل متطور.
- تهيئة المتدرب لإتباع أسلوب جديد أو استعمال آلات حديثة.
- إعداد المتدرب لتولي مسؤوليات جديدة.

(د) ضوابط إعداد خطة التدريب:

1- يراعي أن لا تقل نسبة المقترح تدريبهم عن (5%) من مجموع القائمين على رأس العمل عند إعداد الخطة

2- في حالة اقتراح تنفيذ برامج جديدة داخل المملكة في جهـات تدريبيـة غـير معهـد الإدارة العامة والمؤسسة العامة للتعليم الفني والتدريب المهنـي ترفق جميـع المعلومـات عـن هذه البرامج.

ملاحظات عامة:

1- ليس بالضرورة أن يكـون لـدى الجهـة الحكوميـة بـرامج تدريبيـة تغطـي جميـع نمـاذج الخطة، وإنما يذكر فقط البرامج التي تحتاجها الجهة.

2- يقصد بالعدد المطلوب تدريبه، وفق أهداف التدريب الواردة في حقـول هـذا النمـوذج، عدد المتدربين في كل برنامج وفقاً لأهداف السياسة العامة لتدريب موظفي الدولة.

ملحق الفصل الرابع

(بعض النماذج المستخدمة في النموذج المختار)

النموذج الأول: معلومات البرنامج التدريبي

أولاً: معلومات عامة عن البرنامج

1- اسم البرنامج:	
2- نوع البرنامج: ☐ تدريبي ☐ إعدادي	
3- تاريخ بدء تنفيذ البرنامج: الفترة من / / 14هـ إلى / / 14هـ	
4- مكان عقد البرنامج:	
5- الجهة التي تقوم بتنفيذ البرنامج:	
6- الجهة التي تشرف على تنفيذ البرنامج: إذا كانت الجهة التي ستعقد البرنامج أو تشرف عليه جهة تدريب غير حكومية، فهل لديها ترخيص بمزاولة التدريب من المؤسسة العامة للتعليم الفني والتدريب المهني: ☐ نعم ☐ لا إذا كانت الإجابة بنعم (يرفق صورة من القرار) .	

7- أهداف البرنامج:

ثانياً: معلومات تفصيلية عن البرنامج

1- مدة البرنامج:

يوم	أسبوع	شهر	سنة

2- عدد أيام التدريب في الأسبوع:	( ) يوم

3- تاريخ بدء تنفيذ البرنامج:

إعداد لغوي	نظري	عملي

4- عدد ساعات التدريب في الأسبوع:	( ) ساعة

5- مجال البرنامج: ☐ إداري   ☐ فني   ☐ مهني

6- مستوى البرنامج:	☐ مبتدئ ☐ متوسط ☐ متقدم

7- أساليب تقديم البرنامج:	
	☐ محاضرات ☐ تطبيقات عملية
	☐ أخرى تذكر:

8- طرق تقييم المشاركين في البرنامج:	
	☐ اختبارات دورية ☐ اختبار نهائي ☐ الانتظام بالبرنامج
	☐ أخرى تذكر:

9- شروط الالتحاق بالبرنامج:	
	المستوى الدراسي: التخصص:
	سنوات الخبرة:
	شروط أخرى مثل (السن، اللغة، المرتبة، الوظيفة) تذكر:

10- صفة البرنامج:	☐ دائم ☐ مؤقت
	كم مرة يراد تنفيذه؟ ( ) .

11- عدد الموظفين العاملين في الجهة في مجالات يمكن استفادتها من هذا البرنامج:
(   ) سعودي   (   ) غير سعودي

12- إجمالي عدد المطلوب تدريبهم:	( ) ( )
13- عدد المتدربين في الدورة:	( ) ( )

14- هل سبق تنفيذ البرنامج: ☐ لا   ☐ نعم

إذا كانت الإجابة بنعم، فضلاً أذكر ما يلي:

- عدد الدورات التي نفذت:

- رقم كل دورة:

- مدة كل دورة:

- عدد الملتحقين بجميع الدورات:

- مجالات عمل من سبق التحاقهم بالبرنامج:

☐ موظفون مثبتون على وظائف بالميزانية (المراتب من إلى).

☐ مستخدمون مثبتون على وظائف بالميزانية.

☐ معينون على بند الأجور.

☐ معينون على بند التشغيل.

☐ معينون على بنود أخرى.

☐ طلاب بمكافأة :   مقدار المكافأة:

15- المعاملة المالية لمن سبق أن أشترك في البرنامج:	
16- الجهات الحكومية التي تستفيد من البرنامج:	

17- هل سبق اعتماد البرنامج من قبل إحدى الجهات المسؤولة:

❑ لا ❑ نعم

الجهة التي قامت باعتماده:

18- هل تم تقييم البرنامج من إحدى الجهات المتخصصة:

❑ لا ❑ نعم

فضلاً، أذكر هذه الجهة، ونتيجة التقييم:

19- هل توجد برامج مثيله له في الداخل:

❑ لا ❑ نعم

فضلاً، أذكر هذه البرامج، والجهات التي تنظمها:

20- بالنسبة للبرامج الإعدادية، يوضح ما يلي:

1/20 بيان بالوظائف التي تستفيد من البرنامج وفقاً للجدول التالي:

م	مسمى الوظيفة	عددها	مشغولة		شاغرة
			سعودي	غير سعودي	

2/20 المدة اللازمة لسد الاحتياج من البرنامج:

12- المواد التي يشتمل عليها البرنامج، وعدد الساعات المقررة لكل مادة:					
تسلسل	الوحدة التدريبية	عدد الساعات	تسلسل	المادة	عدد الساعات

ثالثاً: المتدربون

	1- مجالات عمل من سيلتحق بالبرنامج:
	2- نوعية من سيلتحق بالبرنامج:

☐ موظفون مثبتون على وظائف بالميزانية (المراتب من إلى).

☐ مستخدمون مثبتون على وظائف بالميزانية.

☐ معينون على بند الأجور.

☐ معينون على بند التشغيل.

☐ معينون على بنود أخرى .

☐ طلاب بمكافأة.

	3- المعاملة المالية المقترحة للمشاركين في البرنامج:

☐ بموجب لائحة التدريب.

☐ بموجب ضوابط البرامج الإعدادية.

☐ مكافأة مقطوعة.

☐ أخرى، تذكر:

	4- المزايا العينية أثناء المشاركة في البرنامج:

☐ السكن   ☐ المواصلات   ☐ الملابس   ☐ الإعاشة

☐ أخرى، تذكر:

5- المزايا الوظيفية المقترح الحصول عليها بعد التخرج:	
☐ التعيين على مرتبة.	
☐ الحصول على درجة أو أكثر في نفس المرتبة.	
☐ أخرى، تذكر:	

ماذا يؤهل له هذا البرنامج؟	
☐ الحصول على شهادة دراسية.	
☐ الحصول على شهادة تؤهل للالتحاق بدورات ذات مستوى أعلى.	
☐ الحصول على شهادة تدريبية في طبيعة العمل.	

رابعاً: معلومات عن الهيئة التدريبية

تسلسل	المؤهل الدراسي	التخصص	سنوات الخبرة	متفرغ	غير متفرغ	الجنسية	ملاحظات

خامساً: معلومات عامة

1- في حالة ما إذا كان من أهداف هذا البرنامج إعداد الملتحقين به لتولي وظـائف مـشغولة بمتعاقدين، نأمـل توضيح خطـتكم في إحـلال الـسعوديين محـل المتعاقدين، والبرنـامج الزمني لتنفيذ هذه الخطة.

2- في حالة ما إذا كان البرنامج ضمن عقـد، فترفق صـورة الجـزء الخـاص بالتـدريب ضـمن العقد، وتكاليفه.

ملاحظة:

- يرجي إرفاق أية وثائق أو معلومات أخرى ضرورية.

- المعلومات المدونة بهذا النموذج أعدت بمعرفة المسؤول عن البرنامج:

الاسـم: ....

الوظيفة: ....

التوقيع: ....

التاريخ: / / 14هـ

النموذج الثاني: اعتماد مكان جديد لتنفيذ برنامج تدريبي

رقم الطلب:	
التــاريخ:	
اعتماد مكان جديد لتنفيذ برنامج (تدريبي / إعدادي)	

أولاً: معلومات عن البرنامج الموافق عليه:

الجهة		اسم البرنامج	
نوع البرنامج		مدته	
صفته		مكان التنفيذ	
الجهة المنفذة		الجهة المشرفة على التنفيذ	

ثانياً: معلومات عن الطلب:

مكان التنفيذ الجديد		الجهة المنفذه	

الجهة المشرفة على التنفيذ	

ثالثاً: مبررات الطلب:

رابعاً: قرار اللجنة:

رقم القرار:		التاريخ:	

بناءً على المادتين (5/34، 7/34) من لائحة التدريب، وبناءً على ما قررته لجنة تدريب وابتعاث موظفي الخدمة المدنية في اجتماعها رقم (117) وتاريخ 1417/11/20هـ بتفويض رئيس اللجنة صلاحية البت في طلبات اعتماد مكان جديد لتنفيذ برنامج موافق عليه من اللجنة تقرر ما يلي:

النموذج الثالث: إعداد الخطة التدريبية

م	اسم البرنامج	مدة البرنامج			ساعات التدريب الأسبوعية	مكان التنفيذ	العدد المقترح تدريبه وفق هدف التدريب					تقدير ما يصرف للمتدربين	ملاحظات
		يوم	شهر	سنة			أ	ب	ج	د	المجموع		

النموذج الرابع: نموذج معلومات عن المرشح، والبرنامج، وجهة التدريب

1- معلومات عن المرشح للتدريب

1/1- اسم المرشح: ....

2/1- مسمى الوظيفة: .... رقمها: .... المرتبة: ....

3/1- آخر مؤهل علمي حصل عليه: .... سنة التخرج: ....

4/1- التخصص: ....

5/1- جهة التخرج: .... مكانها: ....

6/1- تاريخ بداية الخدمة الحكومية: / / 14هـ

7/1- رقم السجل المدني ....

8/1- مكان الميلاد ....

9/1- هل المرشح مكلف بأعمال وظيفة أخرى: ❑ نعم ❑ لا

إذا كانت الإجابة بنعم يوضح نوع العمل: ....

....

10/1- البرامج التدريبية التي حصل عليها بالداخل والخارج منذ تاريخ تعيينه:

اسم البرنامج	تاريخ عقده	مدته	الجهة المنفذة للبرنامج	مسمى الوظيفة[1]	مرتبتها	التقدير[2]

(1) مسمى الوظيفة: يقصد به الوظيفة التي كان يشغلها عند التحاقه بالبرنامج.

(2) التقدير: يقصد به التقدير الذي حصل عليه في الدورة

11/1- في حالة إخفاقه في أي من تلك البرامج، يوضح ذلك في البيان التالي:

اسم البرنامج	سبب الإخفاق	الإجراءات التي اتخذت بحقه	
		من قبل مرجعه	من قبل لجنة التدريب

12/1- اللغات الأجنبية التي يجيدها:

- الإنجليزيـة: ☐ جيد   ☐ متوسط   ☐ ضعيف
- .... : ☐ جيد   ☐ متوسط   ☐ ضعيف

13/1- وصف موجز لمهام العمل الذي يقوم به حالياً:-

....

....

2- الهدف من التدريب

1/2- إعداد الموظف لتولي مركز وظيفي: ☐ شاغر   ☐ مشغول بمتعاقد

مسمى الوظيفة: ....   مرتبتها: ....

في حالة ما إذا كانت الوظيفة مشغولة بمتعاقد يوضح ما يلي:

هل سيتم الاستغناء عن المتعاقد نهائياً، بعد إكمال المتدرب البرنامج بنجاح؟

☐ نعم   ☐ لا

إذا كانت الإجابة بلا تذكر الأسباب:

....

....

2/2- إعداد الموظف لتولي مسؤوليات جديدة: ☐ شاغر   ☐ مشغول بمتعاقد

مسمى الوظيفة: ....   مرتبتها: ....

3- **معلومات عن البرنامج التدريبي**

1/3- اسم البرنامج المرشح له الموظف:

مجال التدريب: ☐ تخصصي   ☐ فني   ☐ مهني   ☐ إداري

نوع التدريب: ☐ إعدادي   ☐ على رأس العمل   ☐ تعريفي

أسلوب التدريب: ☐ نظري   ☐ عملي   ☐ نظري وعملي معاً

مستوى التدريب: ☐ متقدم   ☐ متوسط   ☐ مبتدئ

2/3- هل القبول في البرنامج مشروط؟ ☐ نعم   ☐ لا

إذا كانت الإجابة بنعم ما هي الشروط المطلوبة للقبول النهائي بالبرنامج؟

....

....

3/3- اللغة التي يدار بها البرنامج: ....

4/3- مستوى اللغة المطلوب للمشاركة في البرنامج: ....

5/3- ما هي المهارات أو المعارف أو القدرات المتوقع أن يكتسبها المتدرب بعد إتمام البرنامج بنجاح؟

....

....

6/3- تكاليف التدريب وتشمل ما يلي:

1	رسم الاشتراك في البرنامج	( ) ريال سعودي
2	بدل الانتداب	( ) ريال سعودي
3	المكافأة الشهرية	( ) ريال سعودي
4	بدل كتب	( ) ريال سعودي
5	بدل ملابس	( ) ريال سعودي
6	مكافأة نقل الأمتعة والكتب	( ) ريال سعودي

7	بدل طباعة الأوراق والتقارير	( ) ريال سعودي
8	بدل علاج	( ) ريال سعودي
9	تذاكر الإركاب	( ) ريال سعودي
10	مكافأة الزوجة والأولاد	( ) ريال سعودي
11	أخرى تذكر	( ) ريال سعودي
إجمالي التكاليف		**( ) ريال سعودي**

4- معلومات عن جهة التدريب

اسم الجهة		المدونة	
عنوانها		الدولة	
رقم الهاتف		رقم الفاكس	

تاريخ الإنشاء: ....

أعداد الفروع المرتبطة بها داخل الدولة: ....

أعداد الهيئة التدريبية: ....

الارتباط المهني، ترتبط الجهة مهنياً بـ: ....

....

....

....

الجهات التي استفادت من برامجها داخل الدولة وخارجها:

....

....

....

نوعية البرامج التي تقدمها هذه الجهة:

❑ طبية ❑ إدارية ❑ فنية ❑ حرفية ❑ حاسب آلي

المواد التي يشتمل عليها البرنامج:

المادة التدريبية	محتوياتها	% عملي	% نظري

الاعتراف المهني، الجهة المعترف بها مهنياً من قبل:

الجهة	عنوانها

مسؤول التدريب مسؤول شئون الموظفين

الاسـم: .... الوظيفة: ....

التوقيع: ....

التاريخ: / / 14هـ

ملحوظة:

- إرفاق أي مطبوعة تعريفية عن جهة التدريب.
- في حالة عدم وجود إدارة تعني بشؤون التدريب، يعتمد هذا النموذج من إدارة شئون الموظفين.

مراجع الفصل الرابع

أحمد سيد مصطفى، إدارة الموارد البشرية: الإدارة العصرية لرأس المال الفكري، غير مبين دار النشر، 2004.

محمود عبد الفتاح رضوان، استراتيجيات إدارة الموارد البشرية، المجموعة العربية للنشر والتوزيع، 2012.

محمود عبد الفتاح رضوان، مهارات التوصيف الوظيفي، المجموعة العربية للنشر والتوزيع، 2012.

المواقع الإلكترونية:

http://www.mcs.gov.sa/_layouts/mocs/intro/intro.html

www.hrdiscussion.com/hr2009.html

www.suwaidan.com

الكتب المقترحة للموسوعة

1- **نظرية التدريب**

التحول من أفكار ومبادئ التدريب إلى واقعه الملموس

2- **احترافية**

التدريب فنون ومهارات تعلم

3- **الاحتياجات التدريبية**

تحديد ... تحويل ... تحقيق

4- **الحقائب والمناهج التدريبية**

علم التصميم للوصول إلى الصميم

5- **المنظومة المتكاملة لتقييم ومتابعة التدريب**

6- **التدريب عن بُعد**

استفادة أم استعاضة

تم بحمد الله